FACULTÉ DE DROIT DE PARIS.

THÈSE

POUR

LE DOCTORAT

SOUTENUE PAR

Adolphe ALQUIÉ

PARIS

IMPRIMERIE DE E. DONNAUD

9, RUE CASSETTE, 9

1874

FACULTÉ DE DROIT DE PARIS

THÈSE

POUR

LE DOCTORAT

DE LA FIDÉJUSSION

EN DROIT ROMAIN

DU CAUTIONNEMENT

EN DROIT FRANÇAIS

L'ACTE PUBLIC SUR LES MATIÈRES CI-APRÈS SERA SOUTENU
le 22 avril 1874, à midi

PAR

Adolphe ALQUIÉ

Président : M. COLMET-DAAGE

Suffragants : MM. DEMANTE, LABBÉ, BEUDANT, *Professeurs*. RENAULT, *Agrégé*.

Le candidat répondra en outre aux questio[illegible]ui lui seront faites sur les autres matières de l'enseignement.

PARIS
IMPRIMERIE DE E. DONNAUD
9, RUE CASSETTE, 9

1874

DROIT ROMAIN.

DE LA FIDEJUSSION.

Intercedere, c'est intervenir dans une affaire qui ne nous regarde pas en obligeant notre personne ou notre chose dans l'intérêt d'autrui. On peut *intercedere* de plusieurs manières différentes :

1° En se portant *expromissor*, c'est-à-dire en contractant un engagement qui libère le débiteur primitif;

2° En se portant *mandator pecuniæ credendæ*;

3° En prenant jour dans la forme du constitut pour payer ce que doit un tiers;

4° En engageant ou hypothéquant sa chose pour sûreté de la dette d'autrui;

5° Enfin en se portant *adpromissor*. L'*adpromissio* est l'acte de celui qui s'oblige *verbis*, accessoirement à un obligé principal dont il garantit la dette. Le débiteur à l'obligation de qui se rattache l'*adpromissio*, s'appelle débiteur principal *reus principalis*, par opposition à l'*adpromissor* qui est le débiteur accessoire.

L'*adpromissio* est une obligation verbale qui prend, suivant la forme sous laquelle elle a été contractée, le nom de *sponsio*, *fidepromissio* ou *fidejussio*. C'est un contrat dont l'utilité est facile à comprendre et dont l'usage était, d'après le témoignage de Gaïus (Com. III, § 117), fort fréquent à Rome. La forme primitive de l'*adpromissio*, c'est la *sponsio* dont la formule était la suivante : « idem dari spondes? Spondeo. » C'est la formule essentiellement civile. Il n'y a que les citoyens romains qui puissent se porter *sponsores*. Cette formule doit être prononcée en latin, et ne peut se traduire en aucune autre langue, pas même en grec, quoiqu'elle vienne du grec (Gaïus, Com. III, § 193).

Ce caractère exclusivement civil de la *sponsio* nous explique l'introduction de la *fidepromissio* qui vient rendre l'*adpromissio* accessible aux pérégrins. Par là, le nombre des personnes qui pouvaient se rendre cautions s'accrut. Mais de nombreuses restrictions entravaient encore l'usage de l'*adpromissio*. Ainsi les *sponsores* et *fidepromissores* ne pouvaient accéder qu'à des obligations verbales ; et encore ne les garantissaient-ils pas très-efficacement, car l'obligation du *sponsor* et du *fidepromissor* ne passait pas à leurs héritiers, elle s'éteignait par leur mort, et même depuis la loi Furia de leur vivant, par le laps de deux ans.

Cette garantie n'avait donc ni assez d'étendue, ni assez de force, elle devait bientôt faire place à la fidéjussion que nous voyons apparaître pour la première fois dans la loi Cornelia, rendue sous Cornélius Sylla. Ce mode de cautionnement avait l'avantage d'être accessible à tout le monde et de pouvoir être appliqué non-seulement aux obligations verbales, mais à une obligation quelconque, fût-elle naturelle; et, de plus, le lien qui en résultait se transmettait aux héritiers respectifs des parties. On conçoit dès lors que la *sponsio* et la *fidepromissio* s'effacèrent peu à peu, et finirent par être remplacées entièrement par la *fidejussio* qui subsiste dans le droit de Justinien, comme l'unique forme du cautionnement par stipulation.

La *fidejussio* sera l'objet de notre étude, que nous diviserons en trois parties :

1° Formation de la fidéjussion;
2° Effets de la fidéjussion ;
3° Extinction de la fidéjussion.

PREMIÈRE PARTIE.

FORMATION DE LA FIDEJUSSION.

La fidéjussion suppose deux obligations ; l'une principale qui est garantie, l'autre accessoire qui garantit la première.

Chacune d'elles sera examinée successivement : l'étude de la première montrera quand la fidéjussion peut se former ; l'étude de la seconde nous apprendra de quelle manière elle se forme.

De l'*obligation principale*.

La fidéjussion suppose nécessairement une obligation principale. Mais il n'est pas nécessaire que cette obligation soit verbale. A la différence du *sponsor* et du *fidepromissor*, le *fidejussor* peut accéder à toute espèce d'obligation : « Omni obligationi fidejussor accedere potest, » dit Ulpien, loi 39, peu importe que l'obligation soit civile, prétorienne ou naturelle.

Obligation civile. — Elle peut résulter d'un contrat réel, verbal, littéral ou consensuel. Peu importe que l'obligation civile résulte d'un contrat principal ou accessoire, d'un contrat à titre onéreux ou gratuit ; rien même ne s'oppose à ce qu'une obligation résultant *ex delicto* ou *maleficio* puisse être garantie par une *fidejussio.*

Il y a seulement un cas où la fidéjussion n'est pas possible, et encore cette exception n'existait-elle pas du temps des jurisconsultes. Elle a été admise par une constitution impériale de Gratien, Valentinien et Théodose (Code, *ne fidej. dotium dentur*) de 381, reproduite par une constitution de Justinien de 530. Ces constitutions qui défendent à la femme de recevoir ou peut-être même simplement d'exiger caution du mari, constatent elles-mêmes qu'auparavant celui-ci pouvait donner caution.

Comment concevoir que Justinien, qui créa pour la femme la garantie exorbitante d'une hypothèque privilégiée, ait reproduit une pareille prohibition ? Le motif nous en est donné par la loi 2, Code h. t. La fidéjussion serait le recours de la femme à un tiers, ce serait l'immixtion d'un tiers dans les affaires du ménage, la manifestation des défiances de la femme, et par conséquent une cause de discorde entre les époux.

Mais il n'est pas défendu au mari de recevoir des fidéjusseurs pour la dot qui lui a été promise, surtout s'il les reçoit non de la femme, mais des étrangers. Ceci résulte de la loi 55 *De jure dotium*. Ce texte est considéré par Pothier comme établissant une antithèse avec la défense contenue dans les lois 1 et 2, C. *ne fidej. dotium dentur*. C'est peut-être ce but qu'ont voulu atteindre les rédacteurs des Pandectes, mais il est impossible d'admettre que Paul ait eu en vue une prohibition qui, au dire des constitutions de Théodose et Justinien, n'existait pas de son temps.

Qu'a donc voulu dire ce jurisconsulte et quel doute a-t-il voulu détruire? Il est très-probable que le texte original de Paul devait être ainsi conçu : « Quum dotis causa aliquid dicitur fidepromissor (ou sponsor) eo nomine datus, tenetur. » Tribonien ayant, selon son usage, remplacé *dicitur* par *expromittitur*, et *fidepromissor* ou *sponsor* par *fidejussor*, le texte ainsi rétabli s'explique facilement. Le doute venait de ce qu'un fidepromissor ou un sponsor ne s'oblige valablement que pour un débiteur qui est lui-même engagé par une *verborum obligatio*, et on aurait pu croire que cette *obligatio* devait avoir été contractée comme celle du *fidepromissor* ou *sponsor* par une interrogation et une réponse. Mais sans s'arrêter à ce scrupule, Paul a considéré que la diction était une obligation *verborum* suffisante pour la validité de la *sponsio* ou de la *fidepromissio*.

Obligation prétorienne. — L'obligation du fidéjusseur qui vient garantir une obligation prétorienne produit tous les effets d'une obligation civile. Ainsi un *paterfamilias* tenu *de peculio* pourra donner un fidéjusseur pour cette obligation, et ce fidéjusseur sera tenu en vertu du droit civil lui-même (loi 12, Dig. *De fidej.*).

Obligation naturelle. — L'obligation naturelle peut servir de base à une fidéjussion. « Fidejussor accipi potest, dit Julien, quotiens est aliqua obligatio civilis vel naturalis cui applicetur. » Loi 16, § 2, *De fidej.* Ce qui caractérise l'obligation naturelle, c'est que la chose donnée à titre de payement pour l'acquitter ne peut être répétée par la *condictio indebiti*, bien qu'il ne pût être question d'aucune action pour le créancier.

Nous passerons en revue quelques-unes des obligations naturelles. Au premier rang des obligations naturelles est celle de l'esclave. Un fidéjusseur peut valablement intervenir pour la dette d'un esclave quelle que soit la personne vis-à-vis de laquelle ce dernier s'oblige, fût-ce son maître (Inst., § 1, *De fidej.*), et dans ce dernier cas rien n'empêche que l'esclave, se dépouillant de sa qualité de débiteur naturel, interroge lui-même comme représentant du *dominus* (loi 70, § 3, *De fidej.*).

Le maître à son tour peut s'obliger naturellement envers son esclave, mais ici la fidéjussion n'est pas possible, car, l'esclave acquérant pour son maître, le fidéjusseur se trouverait obligé envers le débiteur principal, ce qui est absurde.

Une autre obligation naturelle importante est celle du fils de famille qui emprunte contrairement au S. C. macédonien. Ce S. C aurait été rendu, d'après Tacite, ann. XI, 13, sous l'Empereur Claude, et d'après Suétone, biog. de Vespas., ch. II, sous l'empereur Vespasien. Les textes sont contradictoires sur les circonstances qui ont donné naissance à un pareil acte législatif. D'après les termes mêmes du sénatus-consulte qui nous ont été conservés au Digeste (1. 1 pr. D. *De S. C. maced.* 14, 6,) on aurait été amené à cette mesure par les actes scandaleux d'un certain usurier nommé Macédo qui, en prêtant de l'argent à la jeunesse, encourageait par là la débauche et les mauvaises mœurs.

D'après Théophile, on aurait été ému de ce qu'un fils de famille, du nom de Macédo, ayant emprunté de l'argent pendant qu'il était *in potestate patris* et le créancier insistant pour être payé, « non habens unde redderet, qui enim cum sub potestate esset, patrem occidit. » C'est aussi ce que disent les Instit., § 7, *in fine, quod cum eo, qui in aliena pot., etc.*, livre 4, t. 7. Quoi qu'il en soit, voici comment les Institutes au même paragraphe, résument en peu de mots la portée de ce S. C. : « Prohibuit mutuas pecunias dari eis qui in parentis erunt potestate, et ei qui crediderit denegatur actio, tam adversus ipsum filium filiamve, nepotem neptemve sive adhuc in potestate sint, sive morte parenti vel emancipatione suæ potestatis esse cœperint, quam adversus patrem, avumve, sive eos habeat adhuc in potestate, sive emancipaverit. » Ce qui était prohibé ce n'était pas le *mutuum* en général, mais le prêt d'argent. Il fallait, pour que le S. C. reçut son application, qu'il y eut *numeratio nummorum.* Le S. C. Macédonien s'appliquait tantôt par voie de refus de l'action, tantôt au moyen d'une exception. Le magistrat refusait l'action toutes les fois que la contravention au S. C. était à ses yeux manifeste. Dans le cas contraire, il l'accordait sous la réserve d'une exception qui laissait au juge le soin d'examiner s'il y avait eu violation du S. C.

Bien que privé de la ressource d'une action, celui qui avait prêté contrairement au S. C., n'en restait pas moins créancier naturel : *naturalis obligatio manet* (L. 11 ,D. *De* S. C. M.). L'application du S. C. macédonien laissait donc subsister une obligation naturelle, et cela à la différence du S. C. velléien qui protégeait la femme, même contre les effets d'une obligation naturelle. L'obligation du fils de famille qui emprunte, contrairement au S. C., peut-elle être cautionnée? La réponse à cette question nous est fournie par Ulpien (loi 9, § 3, D., S. M.). Oui, en principe, la fidéjussion est valable et l'obligation du fidéjusseur est civile ; mais l'action du créancier ne sera pas toujours efficace. Il y a sur ce point une distinction à faire.

Elle produira son plein effet quand il n'y a pas

à craindre des poursuites en recours de la part du fidéjusseur, ce qui arrive lorsque le fidéjusseur intervient : *animo donandi.* Mais si le fidéjusseur doit avoir un recours contre le fils, alors il peut invoquer l'exception du S. C., comme le dit dit Ulpien (loi 7, § 1, Dig., *De except.*). Si le fidéjusseur était obligé de payer, cela aurait les mêmes inconvénients qu'une condamnation obtenue par le prêteur contre le fils de famille.

Une autre obligation naturelle existait lorsque le fils de famille s'était obligé au profit de celui sous le pouvoir duquel il se trouvait. Cette obligation pouvait très-bien être garantie par une fidéjussion. La loi 56, § 1, *De fidej.* le dit expressément; mais cette même loi déclare la fidéjussion nulle si c'est le père qui est débiteur du fils. La raison de cette solution est la même que celle qui a été énoncée à propos de l'esclave. « Nemo potest pro eodem et eidem esse obligatus. » Nous terminerons cette énumération de quelques-unes des obligations naturelles en nous occupant du cas où un pupille contracte sans l'*autoritas tutoris*. Le pupille qui contracte *sine auctoritate tutoris* est, conformément à un rescrit d'Antonin le Pieux, tenu civilement et peut être poursuivi dans la mesure du *quatenus locupletior factus est* (loi 5, pr. Dig. *De auct. et cons tut.*, 26, 8.) Mais si le pupille ne s'est pas enrichi, et si, d'un autre côté, en contractant il était en âge de donner un véritable consentement, y a-t-il obligation naturelle? C'est une question qui, depuis l'époque des glossateurs, divise les interprètes. La difficulté vient de ce qu'il y a deux textes au Digeste, qui semblent formellement décider qu'il n'y a pas d'obligation naturelle. Ces deux textes sont, l'un de Nératius, loi 41, *De condict. indeb.* 12, 6; l'autre de Licinius Rufinius, loi 59, *De oblig. et act.* 44, 7. Nous n'exposerons pas les différents systèmes qui ont été présentés pour concilier ces deux textes avec les nombreux fragments qui voient là une obligation naturelle ; car, tout en reconnaissant que ces conciliations sont ingénieuses, nous croyons que c'est en vain qu'on les a tentées, et que, sur ce point, il devrait y avoir controverse entre les jurisconsultes.

Il nous suffit de remarquer que la plupart d'entre eux, et les plus illustres, tels que Scævola, Papinien, Ulpien et Paul, reconnaissaient, dans l'obligation dont il s'agit, le caractère d'obligation naturelle.

Parlant de l'obligation principale, élément nécessaire pour qu'il y ait fidéjussion, il suffit, avons-nous dit, que cette obligation soit civile, prétorienne ou naturelle. Mais si cela suffit, cela est nécessaire. Une obligation nulle ou bien une obligation qui, après avoir valablement existé, serait éteinte lors de la fidéjussion, ne rendrait pas la fidéjussion possible. Ainsi, par exemple, Titius a donné à quelqu'un, à titre de prêt, des écus qui ne lui appartenaient pas et il a reçu un fidéjusseur. Il n'a pas pu transférer la propriété des écus puisqu'il ne l'avait pas ; il n'a donc pas fait naître le *mutuum*. Le *mutuum* n'existant pas ne peut être garanti.

Toutefois, si l'emprunteur a dépensé les écus, il se trouve obligé par ce fait et soumis à une *condictio*. Son fidéjusseur sera aussi soumis à la *condictio*, car elle est motivée par la disposition des écus, conséquence de la remise dont il a répondu. Dans cette loi, il s'agit d'un contrat réel qui ne peut se former que par la livraison des écus. Si cette livraison n'a pas eu lieu, l'obligation n'existe pas, partant la fidéjussion est impossible. Mais si le débiteur s'était obligé sur stipulation à rembourser une somme, bien qu'elle ne lui eût pas été comptée, l'obligation n'en existerait pas moins, car la *causa civilis* se trouve dans les formes de la stipulation. Le débiteur et le fidéjusseur sont obligés, sauf à opposer l'exception *pecuniæ non numeratæ* (loi 15, D., *De fidej.*).

Est pareillement nulle, et par conséquent non susceptible de fidéjussion, la convention par laquelle, un individu s'engageant à commettre un délit, un autre s'engagerait à l'indemniser, ou bien la convention par laquelle une personne s'engage à ne pas poursuivre quelqu'un qui commettrait contre lui un vol ou une injure ; mais une fois le délit accompli, si l'auteur, transigeant avec la victime, lui promet une indemnité, cette convention est licite et peut être garantie par une fidéjussion. C'est ce que dit Ulpien (loi 8, § 5, D. *De fidej.*) et d'une manière plus décisive Gaïus (loi 70, § 4. *De fidej.*). La raison est que la convention loin de supprimer la peine, l'assure.

Les nullités susmentionnées tiennent, soit au défaut de cause, soit à une cause illicite, mais l'obligation peut être encore nulle, à raison de la qualité de celui qui joue le rôle d'obligé. Ainsi, la loi 6, D. *De verbor. oblig.* nous dit : « Is cui bonis interdictum est, non potest promittendo obligari : et ideo nec fidejussor pro eo intervenire poterit, sicut pro furioso. » Mais comment concilier cette décision avec ce que dit ailleurs le même jurisconsulte? « Marcellus scribit : Si qui pro pupillo sine tutoris auctoritate, obligato, prodigove vel furioso fidejusserit, magis esse ut ei non subveniatur, quoniam his mandati actio non competit. » (Loi 25. D. *De fidej.*, 46, 1). Le sens de ce texte est que le fidéjusseur restera tenu sans se faire décharger, ce qui est indifférent pour le pupille, le prodigue, ou l'insensé qui ne sont pas exposés à une action récursoire. Ainsi, tandis que la loi 6 dit que la fidéjussion est nulle, la loi 25 la déclare valable. Cujas, t. II, c. 1128 et 1167, et Pothier, Pandect. Justin. *sub.* h. t. soutiennent que dans la loi 25, il s'agit d'un interdit ou d'un prodigue valablement obligé, ce qui avait lieu quand l'obligation se formait *re*, et qu'elle était indépendante du consentement du débiteur, par exemple : *ex delicto* ou *quasi ex contractu*. En faveur de cette interprétation, Cujas invoque la loi 70, § 4. D. *De fidej*. où Gaïus nous dit : « Si a *furioso stipulatus fueris non* posse te fidejussorum accipere certum est, quia non solum ipsa stipulatio nulla intercessisset, sed ne negotium quidem nullum gestum intelligitur. Quod si pro furioso jure obligato fidejussorem accepero, tenetur fidejussor. » Suivant Cujas, la première partie de ce texte expliquerait la loi 6, la seconde, la loi 25. Nous croyons que cette conciliation doit être rejetée. Il nous semble qu'on ne peut pas sous-entendre dans la loi 25 la circonstance que l'interdit ou le *furiosus* est civilement obligé ; car, si c'est là l'hypothèse, quel intérêt y a-t-il à dire que le fidéjusseur ne pourra pas être relevé de son obligation ? Cela lui est indifférent, il a un recours contre le *reus ;* surtout, pourquoi dire que le prodigue ou l'insensé sont à l'abri de l'action de mandat, tandis qu'ils restent tenus de l'action *negotiorum gestorum ?* Chose qui paraît ne pas faire doute et qui, pour les furieux, est expressément reconnue par la loi 3, § 5. *De neg. gest*. Deux autres systèmes ont été proposés, l'un consiste à dire que Marcellus suppose un fidéjusseur qui a cautionné un prodigue ou un insensé connaissant l'état d'interdiction ou la situation d'esprit du *reus*. Au contraire, Ulpien et Gaïus se réfèrent au cas où le fidéjusseur aurait cautionné par ignorance. Ce système, surtout en ce qui concerne l'insensé, nous semble difficile à soutenir. Toute obligation de sa part nous paraît impossible : le consentement, premier élément de la validité d'une convention, fait défaut : sur quoi reposera donc la fidéjussion? Dans le troisième système on suppose que Marcellus avait écrit : « Si qui pro pupillo sine tutoris auctoritate obligato, prodigove vel furioso spoponderit aut fidepromiserit. » Ainsi restitué, ce texte s'explique aisément, en effet, le *sponsor* et le *fidepromissor* peuvent accéder à un contrat verbal, quoique celui qui a promis ne soit pas obligé. Marcellus a donc voulu dire que le *sponsor* ou le *fidepromissor* est valablement obligé comme tel, et il n'obtiendra pas l'*in integrum restitutio,* parce que le prodigue ou le *furiosus* n'a aucun intérêt à ce qu'il l'obtienne. Il a voulu établir une antithèse entre le *sponsor* et le *fidepromissor* d'une part, et le *fidejussor* de l'autre. Mais les commissaires et Justinien ont fait pour ce texte ce qu'ils ont fait pour beaucoup d'autres traitant de l'*adpromissio.* Ils ont substitué, au *sponsor* ou *fidepromissor*, le *fidejussor* seul *adpromissor* du temps de Justinien.

Jusqu'ici la fidéjussion est impossible parce qu'elle s'applique à une obligation nulle qui n'a jamais existé. Elle le serait encore si l'obligation principale, après avoir existé valablement, était actuellement éteinte, soit par un de ces modes qui détruisent l'obligation toute entière, tels que le payement, la novation, l'acceptilation, soit par un de ces modes qui libèrent plutôt le débiteur de l'obligation qu'ils ne détruisent l'obligation elle-même, tels que la déportation.

La déportation, comme l'interdiction de l'eau et du feu, entraîne la *media capitis deminutio*. La seconde de ces peines, à partir d'Auguste, fut peu à peu remplacée par la première, mais nous les trouvons toutes deux mentionnées par Justinien (Inst., § 2, *De cap. dem.*, 4, 16).

La condamnation fait disparaître l'obligation et rend impossible celle d'un fidéjusseur. C'est ce que dit formellement la loi 47 pr. *De fidej.* en ces termes : « Si debitori deportatio irrogata est non posse pro eo fidejussorem accipi scribit Julianus, quasi tota obligatio contra eum extincta sit. »

Si au lieu de la *media capitis deminutio* nous supposons la *minima*, le résultat ne sera pas le même. Dans le premier cas, en effet, *tota obligatio extincta est.* Dans le second, au contraire, une obligation naturelle persiste, ce qui rend la fidéjussion possible; le préteur a même établi une *actio fictitia* au profit du créancier.

CHAPITRE II.

DE L'OBLIGATION ACCESSOIRE.

Il convient d'examiner sous ce titre les divers éléments de l'obligation accessoire. Le débiteur, le créancier et la chose due, en d'autres termes : qui peut se porter fidéjusseur? envers qui? dans quelle forme se contracte la fidéjussion? quelle est son étendue?

§ 1er. *Qui peut être fidéjusseur?*

Quiconque a la capacité générale de s'obliger peut se porter fidéjusseur. Nous rencontrons toutefois une exception. Elle résulte du S. C. Velléien. Dès Auguste une loi protectrice avait défendu aux femmes d'intercéder pour leurs maris ; plus tard, sous le règne de Claude (an 46 de J.-C.) et sur la proposition des consuls, M. Silanus et Velleius tutor, cette prohibition fut étendue même aux intercessions qu'elles pourraient faire pour d'autres personnes.

La prohibition du Sénat atteint tous les actes qui obligent, soit la femme elle-même, tels que la fidéjussion, le mandat, le constitut, l'expromission, soit ses biens, tels que le gage et l'hypothèque.

Mais si la femme, au lieu de s'obliger ou d'engager son bien, avait payé ou avait fait une dation en payement, le S. C. ne se serait pas appliqué. La raison en est que, dans ces derniers cas, l'acte ayant des conséquences facilement appréciables, la femme se laissera difficilement aller à le faire. Au contraire, s'il s'agissait de s'obliger ou d'engager son bien, la femme n'apercevrait pas le danger, parce qu'elle se fierait à la solvabilité de celui à qui elle rendrait service, et qu'elle ne réfléchirait pas assez au préjudice que pourrait lui causer son engagement.

Dans certains cas exceptionnels, la femme ne pouvait se prévaloir du S. C., par exemple s'il y a eu dol de sa part, ou si elle ne doit éprouver aucun préjudice ou si le créancier est un mineur de vingt-cinq ans et que le débiteur soit insolvable et quelques autres encore.

Enfin, Justinien, par une constitution dont la date précise ne nous est pas connue (loi 22, C. dd. S. C. *Vell.*), décide que si la femme a fait une intercession alors qu'elle était majeure de vingt-cinq ans, et qu'elle la réitère après deux ans, elle ne pourra plus se prévaloir du S. C.

L'intercession des femmes n'était pas nulle de

plein droit, mais la femme pouvait en tout état de cause, même après le jugement obtenu contre elle, opposer l'*exceptio S. consulti Vell.* à toute demande ou mesure tendant à obtenir l'exécution de la promesse contenue dans l'intercession. Cette exception avait pour effet de frapper d'inefficacité complète l'obligation de la femme avec tous les accessoires, de manière qu'il ne restât pas même de lien naturel, et que la femme pût répéter comme indûment payé ce qu'elle aurait donné en exécution de sa promesse. Elle intentera la *condictio indebiti* pour répéter les choses dont elle aura transféré la propriété (loi 40, D., pr. *De cond. indeb.*, 12, 6), et revendiquera les biens qu'elle aura donnés en gage.

En second lieu, l'esclave qui a un pécule peut, en général, par ses contrats, obliger son maître *de peculio* jusqu'à concurrence du pécule. Mais le maître ne serait pas obligé s'il y avait eu de la part de l'esclave *intercessio* (loi 3, §§ 5 et 6, D., *De peculio*, 15, 1). Il s'agit dans l'*intercessio* d'une sorte de bon office qui ne pouvait appartenir qu'à un homme libre, et dont un esclave ne devait pas se mêler. Nous trouvons des applications de cette idée dans les lois 19 et 20, D., *De fidej.*

A la différence de l'esclave, le fils de famille pouvait, en sa qualité d'homme libre, compromettre son pécule au moyen d'une fidéjussion. La loi 3, § 9, *De pecul.*, nous indique formellement cette différence existant entre l'esclave et le fils de famille.

§ 2. *Envers qui peut-on s'obliger comme fidéjusseur ?*

C'est en faveur du créancier de la dette principale que la fidéjussion a lieu, c'est donc envers lui seul que le fidéjusseur peut s'obliger. Aussi il ne le peut pas vis-à-vis de l'*adjectus solutionis causa* qui a seulement le pouvoir de toucher (loi 23, D., *De fidej.*).

Dans la loi 47, § 1er, h. t., un fidéjusseur s'oblige envers un fils de famille pour garantir un prêt que celui-ci doit faire à Titius ; l'obligation du fidéjusseur est légalement acquise au père de famille par son fils en puissance, mais le fils ne fait le prêt, ne donne les écus qu'après son émancipation, et, dès lors, le débiteur se trouve obligé envers lui seul, non envers le père. Le fidéjusseur ne saurait donc être obligé envers le père, il ne peut pas garantir au père une créance qu'il n'a pas. Sera-t-il obligé vis-à-vis du fils? La loi précitée décide l'affirmation, mais par un motif d'équité.

Remarquons enfin, comme nous l'avons déjà fait plus haut, que le fils et l'esclave créanciers du chef de famille ne pourront pas recevoir de lui un fidéjusseur pour ce qu'il leur devrait; car c'est à lui qu'appartiendrait l'obligation du fidéjusseur : il se trouverait à la fois débiteur et créancier de la même dette.

§ 3. *Forme de l'obligation accessoire.*

La fidéjussion, contrat verbal, est soumise aux règles ordinaires de la stipulation. L'interrogation suivie de réponse est nécessaire, et par conséquent ce contrat, à la différence du mandat, contrat consensuel, ne peut avoir lieu qu'entre personnes présentes. Mais dès qu'un acte constate qu'il y a eu fidéjussion, les formalités nécessaires sont réputées accomplies (Inst., § 8, *De fidej.*).

La fidéjussion peut intervenir, soit avant, soit après l'obligation principale: Justinien, § 3, Inst., *De fidej.*, nous dit : « Fidejussor et præcedere obligationem et sequi potest. »

La fidéjussion est susceptible, comme les autres contrats, de différentes modalités, telles que, par exemple, la condition, le terme. Elle peut avoir lieu sans l'intervention du débiteur principal, à son insu et même malgré lui. Nous verrons plus loin l'influence de ces dernières hypothèses sur le recours de la caution.

§ 4. *Objet et étendue de l'engagement contracté par le fidéjusseur.*

Le fidéjusseur garantissant le payement de ce

qui est dû par le débiteur principal ne peut valablement promettre autre chose. Si donc le débiteur ayant promis dix, le fidéjusseur promet mille boisseaux de blé, il ne sera pas obligé, dit Javolénus (loi 42, D., *De fidej.*), parce que l'objet de sa promesse n'est pas l'objet promis par le débiteur. Mais que décider si le débiteur devant mille boisseaux de blé, le fidéjusseur promettait dix? L'objet de la seconde dette ne semble par à Javolénus différent de celui de la première, l'argent représentant, selon lui, les marchandises dont il est la commune mesure, tandis que les marchandises ne représentent pas l'argent.

Le *reus* s'oblige purement et simplement, et le fidéjusseur sous une alternative. Marcellus partant de cette idée que le fidéjusseur peut payer autre chose que le *reus*, le considère comme obligé *in aliam rem* (loi 8, § 8, D., *De fidej.*).

Le *reus* s'oblige à me donner l'esclave Stichus ou Pamphile à son choix. Si le fidéjusseur à son tour s'oblige à me donner Stichus ou Pamphile à son choix, la fidéjussion n'est pas valable, car le choix du fidéjusseur pourrait tomber sur un objet autre que celui que voudrait choisir le *reus*. (loi 38, Dig., *De fidej*). Mais les jurisconsultes ne considéraient pas comme une *fidejussio in aliam rem* celle qui aurait pour objet l'usufruit, alors que la dette principale a pour objet le fonds dont l'usufruit n'est qu'une partie (loi 70, § 2, D., *De fidej.*). Dans ce cas, la fidéjussion est valable, car le fidéjusseur, loin de promettre *aliam rem*, promet un objet compris dans l'obligation principale.

Notre cas doit être traité de la même manière que nous traiterons l'hypothèse où le *reus* ayant promis 10, le fidéjusseur à promis 5. Jusqu'à concurrence de cinq, il y a identité d'objet : donc la fidéjussion est valable. Mais on peut dire, l'usufruit n'est pas une partie matérielle du fonds. Oui, çela est vrai, mais l'usufruit est un élément, et un élément qui renferme l'utilité actuelle du fonds. Il faut donc le traiter comme s'il en était réellement une partie. C'est ce que décide Papinien (loi 76, § 2, D., *De leg.* 2), et Julien (loi 58, D., *De verb. oblig.*)

Le fidéjusseur doit s'obliger à la même chose que le débiteur principal : si, lorsqu'il promet moins, la fidéjussion est valable, c'est qu'il promet une partie de ce qui fait l'objet de l'obligation principale ; mais l'inverse ne serait pas vrai, et Gaïus nous dit que le fidéjusseur ne peut pas s'obliger de manière à devoir plus que celui pour qui il s'est obligé (Gaïus, III, § 126). « Plus in accessione esse non potest quam in principali re. » La portée de cette règle ne doit pas être exagérée : sans doute que celui qui doit cinq, ne peut pas avoir un fidéjusseur obligé pour dix, mais il n'en est pas moins vrai que le fidéjusseur peut être obligé civilement là où le débiteur principal n'est obligé que naturellement. Et même dans l'ancien droit, comme nous l'avons déjà vu, le *spon-*

sor ou *fidepromissor* pourrait être valablement obligé là où l'obligation principale était nulle.

Le plus peut exister « quantitate, conditione vel tempore, loco, modo. »

Quantitate. — L'obligation accessoire ne peut pas excéder l'obligation principale. Ainsi, si nous supposons le débiteur obligé pour cinq et le fidéjusseur pour dix, il y aurait *plus quantitate.*

Conditione. — Le fidéjusseur s'oblige *in duriorem causam* si son obligation est pure et simple, tandis que celle du *reus* est conditionnelle. Il en est de même lorsque, le *reus* étant obligé sous une seule condition, le fidéjusseur est obligé sous la même condition ou sous une autre. En effet, soit que la condition commune, soit que l'autre vienne à s'accomplir, le fidéjusseur se trouverait obligé, tandis que le débiteur ne le serait que par l'avénement de la condition commune. Le fidéjusseur aurait donc plus de chance d'être obligé. Mais si, au lieu de supposer les deux conditions disjointes, on les suppose conjointes, le fidéjusseur ne serait pas obligé *in duriorem causam*, car, pour que son obligation existe, il faudrait non-seulement que la condition commune se réalisât, mais l'autre aussi. Loi 70. *De fidej.*

Si maintenant nous supposons le *reus* et le fidéjusseur obligés sous une condition différente, la question de savoir si ce dernier est obligé *in duriorem causam* est en suspens. En effet, si celle apposée à l'obligation principale se réalise la première, cette obligation étant considérée comme pure et simple *ab initio*, la *fidejussio* seule est conditionnelle et par conséquent valable, comme intervenue *in meliorem causam*. Au contraire, si c'est la condition de l'obligation accessoire qui s'accomplit la première, il n'y a plus condition : en effet, il y a *fidejussio* pure et simple garantissant une obligation conditionnelle (Loi 70, § 1).

Tempore. — Le fidéjusseur s'oblige encore *in duriorem causam* lorsqu'il promet purement et simplement ce que le débiteur principal avait promis à terme ou quand il promet à un terme plus rapproché. En effet, promettre 100 purement et simplement, ou les promettre dans six mois, c'est évidemment promettre plus que celui qui s'est engagé à les donner dans un an.

La combinaison du terme et de la condition fait naître l'espèce suivante : une stipulation à terme est garantie par une *fidejussio* conditionnelle. La question de savoir si le fidéjusseur est obligé *in duriorem causam* dépend des circonstances. Il le sera si la condition s'accomplit avant le terme, car, dans ce cas, il y a un débiteur à terme et un fidéjusseur obligé purement et simplement. Il ne le sera pas, au contraire, si le terme vient à échoir le jour où la condition s'accomplit, ou bien si l'échéance précède l'accomplissement de la condition (loi 16, § 5. *De fidej.*).

Loco. — La *fidejussio* est contractée *in durio-*

rem causam loco : 1° lorsque le débiteur étant obligé purement, le fidéjusseur a promis de donner dans un lieu déterminé (loi 16, § 1, Dig., *De fidej.*); 2° lorsque le débiteur ayant promis de donner dans un lieu bien déterminé, le fidéjusseur s'est obligé à donner dans un lieu plus éloigné, par exemple, si le débiteur, étant à Rome, s'est obligé à donner à Capoue, et le fidéjusseur à Ephèse (loi 16, § 2, D. h. t.).

Modo. — Si j'ai stipulé du débiteur principal pour moi ou pour Titius et du fidéjusseur seulement pour moi, Julien dit que le fidéjusseur est obligé *in deteriorem causam*, parce que le débiteur peut payer même à Titius, tandis que le fidéjusseur ne le peut pas (loi 34, D. h. t.).

Demandons-nous maintenant quel est le sort de l'obligation du fidéjusseur lorsqu'il s'est obligé *in duriorem causam*. Est-elle réductible dans la mesure de l'obligation principale, ou est-elle complétement nulle? La question est discutée entre les interprètes du droit romain. Ceux qui se prononcent pour la nullité radicale se fondent principalement sur la loi 8, § 7, dont les termes sont très-formels. Ulpien nous dit : « Illud commune est in universis qui pro aliis obligantur quod si fuerint in duriorem causam adhibiti placuit eos omnino non obligari. » Ce texte paraîtrait rendre la controverse impossible, mais des auteurs n'ont pas cru devoir s'y arrêter, parce que, disent-ils, en admettant qu'Ulpien se soit arrêté à cette opinion, il faudrait dire qu'il se trouve en contradiction avec lui-même. En effet, le texte s'exprime d'une façon très-générale, il dit : « Illud commune est universis qui pro aliis obligantur, etc. » Il s'appliquerait donc à tous les intercesseurs, et par conséquent à celui qui fait le pacte du constitut ; or, à propos du constitut, Ulpien lui-même dit : « Si quis, centum aureos debens, ducenta constituat in centum tantummodo tenetur, quia ea pecunia debita est » (loi 11, § 1, D., *De pec. constit.*, 13, 5).

Nous ne pouvons pas admettre cette opinion. En effet, de ce qu'Ulpien a employé des expressions trop absolues, il ne s'ensuit pas qu'on doive conclure à l'anéantissement du texte. Du reste, le constitut suit des règles tout autres que la fidéjussion. Il peut avoir un objet différent de celui de l'obligation principale, un terme plus court ; enfin et principalement il est de droit prétorien, tandis que la fidéjussion est soumise aux principes rigoureux du droit civil, aux formes de la stipulation.

L'obligation, accessoire qui ne peut excéder la principale, peut en général l'égaler. Une restriction cependant a été apportée à ce principe par la loi Cornélia (an de R., 673). Cette loi, qui s'appliquait à tous les *adpromissores* sans distinction, défendait à une caution de s'engager pour le même débiteur, vis-à-vis du même créancier et dans la même année pour plus de

20,000 sesterces. La loi Cornélia, dont le but était sans doute de rendre l'*adpromissio* plus sérieuse en y mettant des limites, grâce auxquelles l'*adpromissor* pouvait s'acquitter de son obligation, ne s'appliquait pas lorsqu'on intervenait *dotis nomine,* ou pour une dette résultant d'un testament, ou pour garantir une décision judiciaire. Gaïus finit cette énumération non limitative des cas auxquels la loi Cornélia ne s'appliquait pas, en disant que la loi sur l'impôt du vingtième des hérédités (il s'agit d'un impôt sur les successions) porte qu'elle ne s'appliquera pas aux satisdations qui auront lieu en vertu de ses dispositions (Com. III, §§ 124 et 125).

Nous avons vu quelle étendue les parties peuvent donner à l'obligation du fidéjusseur et nous avons assigné à cette obligation des limites qu'elle ne peut pas dépasser; recherchons maintenant quelle est l'étendue qu'elles ont voulu lui donner; donnons en d'autres termes quelques règles qui serviront à interpréter le contrat qui nous occupe. Etablissons d'abord comme principe que, sauf manifestation contraire de volonté, le fidéjusseur garantit toutes les obligations qui résultent naturellement du contrat.

Ainsi le fidéjusseur d'un fermier répond du payement de tous les termes (loi 58, *De fidej.*), et de la conservation des instruments aratoires fournis par le propriétaire *dos prædiorum* (loi 52, § 2, h. t.).

Quant aux clauses ajoutées au contrat pour en modifier les conséquences naturelles, elles profiteront au fidéjusseur toutes les fois qu'elles rendront l'obligation du débiteur moins onéreuse. Mais si au contraire elles l'aggravent, le fidéjusseur n'y sera pas soumis. La loi 16, § 1, nous fournit un exemple dans lequel notre règle s'applique « Petronius Thallus et d'autres avaient » répondu pour Aurelius Romulus, fermier des » impôts, à raison de cent par an. Le fisc s'est » emparé des biens de Romulus comme lui » étant obligés et demandait aux fidéjusseurs » le principal et aussi les intérêts. On a lu la » promesse écrite des fidéjusseurs, et attendu » qu'ils s'étaient obligés seulement pour cent par » an, et non *in omnem conductionem*, il a été dé- » cidé que les fidéjusseurs n'étaient pas tenus des » intérêts. »

Il ressort de plus de ce texte par *a contrario* que si les fidéjusseurs s'étaient engagés *in universam conductionem*, ils seraient tenus même des intérêts. L'obligation du fidéjusseur ne s'étend pas aux obligations étrangères au contrat principal. Ainsi je vous ai prêté une somme d'argent et j'ai reçu de vous un fidéjusseur et un gage. Mais, à raison du gage, le créancier est trompé par le débiteur : il intentera l'action *pigneratitia contraria* pour se faire indemniser du préjudice souffert. Mais cette action ne retombe pas sur le fidéjusseur qui s'est obligé à la restitution de la somme, objet du prêt, et à rien de plus (loi 54, *De fidej.*)

Les règles qui précèdent, applicables à la fidéjussion en général, sont étrangères au cas où elle a été ainsi formée : « Quanto minus a primo consecutus fuero dare fidejubes. » Fidejubeo. Dans ce cas, le fidéjusseur est appelé par les interprètes *fidejussor indemnitatis*, dénomination à laquelle donne lieu entre autres textes la loi 41, *De fidej.* Ce fidéjusseur n'est tenu envers le créancier que de l'indemniser du dommage que lui fait éprouver l'impossibilité de retirer du débiteur le montant de ce qu'il doit. Ce fidéjusseur, loin d'être tenu de ce qui découle naturellement du contrat, n'est en somme tenu que de ce que le créancier n'a pas pu retirer du débiteur principal. En nous occupant de l'extinction du cautionnement, nous reviendrons au *fidejussor indemnitatis* pour signaler une des différences capitales qui le séparent du fidéjusseur ordinaire.

DEUXIÈME PARTIE.

EFFETS DE LA FIDÉJUSSION.

Pour embrasser tous les effets de la fidéjussion, nous les étudierons d'abord dans les rapports du créancier avec le débiteur et le fidéjusseur, et nous parlerons du bénéfice de discussion. Nous les étudierons ensuite dans les rapports du créancier avec plusieurs fidéjusseurs et nous traiterons du bénéfice de division. Nous nous occuperons enfin du recours de la caution qui a payé et du bénéfice de cession d'action.

CHAPITRE I.

EFFETS DE LA FIDÉJUSSION DANS LES RAPPORTS DU CRÉANCIER AVEC LE DÉBITEUR ET LE FIDÉJUSSEUR, ET DU BÉNÉFICE D'ORDRE ET DE DISCUSSION.

Le créancier peut, dans la rigueur du droit, poursuivre indifféremment le débiteur principal ou le fidéjusseur. Mais comme ils ne sont pas tenus de dettes distinctes, mais bien d'une obligation unique, la poursuite exercée contre l'une d'elles libère l'autre. *Electo reo principali*, dit Paul, *fidejussor vel heres ejus liberatur* (Sent. lib. II, tit. XVII, § 16).

Cette libération tient à ce principe que la même obligation ne peut pas être plusieurs fois déduite *in judicium* (Gaïus, Com. IV, § 108). Cet effet de la *litis contestatio* devait être très-gênant dans la pratique, car il rendait la fidéjussion presque illusoire. En effet, si le créancier s'attaquait au débiteur, à quoi lui servait la précaution prise par lui d'exiger un fidéjusseur? Absolument à rien. Ce fidéjusseur, en effet se couvrant de l'effet de la *litis contestatio*, échappait à l'action du créancier.

Pour éviter cet effet, on pouvait recourir à la *fidejussio indemnitatis*. Après avoir stipulé dix de Titius, je stipulai de Mœvius *quanto minus a Titio consequi possem* : alors si, ayant poursuivi Titius, je l'avais trouvé insolvable, j'aurais toujours pu m'adresser à Mœvius.

L'effet de la *litis contestatio* que nous venons de signaler était encore gênant lorsque le créancier voulait poursuivre le fidéjusseur. Si en effet ce fidéjusseur ne se trouvait pas parfaitement solvable, le créancier n'aurait eu aucun moyen d'arriver à un payement intégral. On avait, il est vrai, trouvé un palliatif en recourant au mandat. Le fidéjusseur qui craignait d'être poursuivi par le créancier, lui donnait mandat de poursuivre le débiteur à ses risques à lui mandant. Ce mandat intéressait à la fois le fidéjusseur et le créancier : le premier, car il évitait par là que le créancier s'adressât à lui ; le second, car il était sûr de recouvrer par l'action résultant du mandat, tout ce qu'il n'aurait pas pu obtenir du débiteur. Ceci nous permet de comprendre le § 2, *De mandato*, aux Inst.

Tant que la *litis contestatio* produisait l'effet fâcheux que nous venons d'expliquer, il ne pouvait être question du bénéfice de discussion, car si le fidéjusseur avait eu le droit de renvoyer le créancier à diriger préalablement son action contre le *reus*, il aurait pu, à son gré, se soustraire aux engagements qu'il avait contractés. Mais Justinien, par la loi 28 C. *De fidej.* (8.41) abrogea l'effet libératoire de la *litis contestatio*, et assimilant les fidéjusseurs aux *mandatores*, leur appliqua la règle suivant laquelle la poursuite exercée contre l'un ne libère pas l'autre, et il donna comme raison que la chose était souvent réglée ainsi par un pacte.

Justinien après avoir par la loi 28 C. *De fidej.* efface une des différences qui existaient entre le fidéjusseur ordinaire et le *fidejussor indemnitatis*, a, par la novelle IV, introduit le bénéfice d'ordre et de discussion, et a ainsi effacé l'autre différence qui consistait en ce que le créancier pouvait à son gré poursuivre le débiteur ou le fidéjusseur, dans le cas de fidéjussion ordinaire, tandis qu'il devait commencer par poursuivre le débiteur lorsqu'il y avait *fidejussio indemnitatis*.

Arrivons à l'explication de la novelle IV et tout d'abord remarquons que si l'on en croit la préface de cette novelle, une ancienne loi romaine tombée en désuétude avait accordé aux cautions le bénéfice de discussion, et ce serait cette loi que Justinien remettrait en vigueur en l'améliorant.

Dans le ch. I de la nov. IV, Justinien établit le bénéfice d'ordre ou de discussion, en décidant que le créancier ne pourra poursuivre le fidéjusseur qu'après avoir discuté le débiteur, et seulement pour ce qu'il n'a pas pu obtenir du débiteur principal. Mais comme en s'arrêtant à cette seule décision on aggraverait fort la position du créancier dans le cas où le débiteur serait absent, l'empereur trouvant excessif le remède introduit par Papinien, et qui consistait à permettre au créancier de poursuivre à son gré le fidéjusseur ou le débiteur, décide que dans ce cas le créancier pourra poursuivre la caution, mais celle-ci pourra à son tour obtenir du juge un délai pour amener le débiteur en justice et suspendre ainsi les poursuites. Que si le délai prescrit par le juge s'écoule sans que ce résultat soit atteint, alors la poursuite contre la caution aura son cours, et celle-ci sera forcée de payer, sauf à se faire céder les actions contre le débiteur principal.

Le ch. II de notre novelle, règle l'ordre entre les actions personnelles et les actions réelles ou hypothécaires. Il suppose une dette garantie par une fidéjussion et une hypothèque sur des biens qui sont entre les mains des tiers détenteurs, et il décide, en suivant les distinctions établies dans le chapitre I, entre les cas d'absence et de présence, que le créancier devra, avant d'intenter l'action réelle contre ces derniers, poursuivre par l'action personnelle les fidéjusseurs, et si par cette action il n'obtient pas le résultat désiré, il poursuivra d'abord les biens hypothéqués par le débiteur et possédés par des tiers détenteurs, venant comme dernière ressource sur les biens hypothéqués par le fidéjusseur. Ainsi, dans notre cas, Justinien préfère l'action personnelle à l'action réelle, et parmi les actions réelles celle qui frappe les biens du débiteur. Que si les biens sont entre les mains du débiteur principal, le créancier peut, à son gré, intenter l'action réelle ou l'action personnelle, ou les deux à la fois.

L'ordre de poursuite établi par ce chapitre doit être suivi non-seulement pour les cautionnements de prêt d'argent, mais dans toute espèce de cautionnement : ainsi si quelqu'un achète une chose et reçoit un garant de la vente, etque plus tard une des clauses de la vente soit inexécutée, l'acheteur doit s'adresser d'abord au vendeur, en second lieu au garant ou certificateur, et enfin au détenteur des choses appartenant au vendeur.

Le chapitre III dont la plus grande partie est employée à traiter une question totalement étrangère à notre sujet, ne s'occupe du bénéfice de discussion que pour le refuser aux *argentarii*. Justinien est plus explicite à cet égard dans la novelle 136 *præfatus* et § 1. La préface de cette novelle s'explique sur les plaintes que le corps des *argentarii* adressa à l'empereur pour résumer les préjudices que leur causait l'application de la novelle IV. En effet, d'après le § 1 du chapitre III de cette novelle, si les *argentarii* se portent fidéjusseurs, ils ne peuvent pas opposer le bénéfice de discussion, et sont exposés à la poursuite immédiate du créancier; d'autre part, s'ils reçoivent des fidéjusseurs, ces derniers ont le droit de le leur opposer : la position donc n'est pas égale. Pour parer à cette injustice, l'empereur dans le §1 de la novelle 136 donne aux *argentarii* le droit en recevant une caution, de stipuler la faculté de poursuivre à leur choix le débiteur principal ou la caution, sans être assujettis à l'ordre de la novelle IV. A défaut de stipulation expresse, ils devront, conformément à cette novelle, s'adresser d'abord au débiteur. Justinien donne comme motif de la décision contenue dans le ch. I, novelle 136, d'abord les services que les *argentarii* rendent aux affaires, ensuite le principe que chacun peut renoncer aux droits que la loi lui accorde. Ce dernier motif nous fait décider que non-seulement les *argentarii*, mais tout créancier peut stipuler la renonciation au bénéfice de discussion.

CHAPITRE II

Effets de la fidéjussion dans les rapports du créancier avec plusieurs fidéjusseurs et bénéfice de division.

Jusqu'ici nous avons vu le créancier en présence du débiteur et de la caution et nous nous sommes demandé à qui il devait s'adresser d'abord. — Nous écartons maintenant ce débiteur et nous supposons que le bénéfice de discussion n'a pas été invoqué ou ne l'a pas été utilement : le créancier se trouve donc en présence des fidéjusseurs. A l'origine les cautions d'un même débiteur étaient tenues chacune *in solidum*, mais la loi Furia, rendue en 659 de la fondation de Rome, modifia cet état de choses à l'égard des *sponsores* et des *fidepromissores*, en décidant que l'obligation se divise entre les *sponsores* et les *fidepromissores* d'un même débiteur, qui existent au moment où cette obligation devient exigible. « Quotquot erunt numero eo tempore, quo pecunia peti potest, in tot partes deducitur inter eos obligatio et singuli viriles partes solvere tenentur (Gaïus III, § 121, 1er alinéa).

Cette loi ne s'appliquait qu'en Italie, mais le droit ancien subsista à l'égard des fidéjusseurs jusqu'au rescrit d'Adrien, qui leur accorda ce qu'on appelle proprement le bénéfice de division. « Ex epistola divi Hadriani compellitur creditor a singulis, qui modo solvendo sunt litis contestatæ tempore partes petere; ideoque si quis ex fidejussoribus eo tempore solvendo non sit, hoc cæteros onerat. » Gaïus, III, § 121, 2e alinéa; Justinien, § 4 *De fidej.* Ce bénéfice diffèreess entiellement de celui accordé par la loi Furia aux *sponsores* et *fidepromissores*. Nous signalons plus loin les différences en étudiant les règles du bénéfice de division.

Pour étudier avec ordre cette matière, il faut successivement voir : par qui le créancier peut être contraint de diviser son action, entre qui il doit la diviser, à quel moment et dans quelles formes le bénéfice de division peut être invoqué, quels effets produit-il ?

§ 1er *Par qui le créancier peut être contraint de diviser son action?*

Par tout fidéjusseur, alors même qu'il se serait obligé expressément *in solidum* (loi 51 pr. *De fidej.*); par l'héritier du fidéjusseur (loi 27, § 3 ht.); par le *fidejussor fidejussoris* contre les autres fidéjusseurs. (loi 27, §1 h. t.). Mais il ne peut pas l'être par celui qui, avant tout, a nié sa qualité de fidéjusseur « Ita demum, » dit Ulpien (loi 10, § 1, *De fidej.*), « inter fidéjussores dividitur actio si non inficientur : nam inficiantibus auxilium divisionis non est indulgendum. » Il ne peut non plus être invoqué par les fidéjusseurs d'un tuteur; car, comme le dit Papinien, quand c'est le pupille qui agit, comme il n'a pas contracté lui-même, mais qu'il est tombé entre les mains de son tuteur ignorant de toutes choses, ce serait une injustice que de permettre au fidéjusseur d'invoquer le bénéfice de division, car on arriverait au résultat fâcheux que des questions, résultant de la tutelle, seraient portées devant différents juges (loi 12, D. *Rem pup. vel. adol. salv. fore*, 46, 11).

§ 2 *Entre qui doit-il diviser son action?*

Le créancier ne peut être forcé de diviser son action qu'entre les cofidéjusseurs d'un même débiteur. De là il résulte que si deux *rei* ont donné chacun un fidéjusseur, le fidéjusseur de l'un des débiteurs ne peut pas demander la divison entre lui et le fidéjusseur de l'autre débiteur. Cela tient à la règle que chacun des *rei promittendi* doit être traité en principe comme s'il était seul débiteur principal (loi 51, § 2, D. *De fidej.*).

Il n'est contraint de la fractionner qu'entre les cofidéjusseurs qui sont solvables à l'époque de la *litis contestatio*, et c'est ici qu'apparaît la première différence qui distingue le bénéfice dont nous nous occupons de celui accordé par la loi Furia. En effet, la loi Furia divise l'obligation entre tous les *sponsores* ou *fidepromissores* vivants lors de l'échéance. En conséquence : « si quis ex sponsoribus aut fidepromissoribus solvendo non sit hoc cæterorum partes non onerat. » (Gaïus, *Com.* III, § 121, 3ᵉ alinéa.)

Cette conséquence de la loi Furia était fort injuste et lésait considérablement les intérêts des créanciers. La disposition d'Adrien était au contraire fort équitable. On conçoit, en effet, que le créancier soit forcé de demander son payement, en plusieurs fois, à plusieurs personnes, mais à une condition, c'est qu'on lui permettra, malgré cela, d'obtenir toujours tout son dû et qu'on ne l'exposera pas à perdre, en l'obligeant à s'adresser à des insolvables. De ce qui précède, il résulte que le créancier avait intérêt à voir des fidéjusseurs plutôt que des *sponsores* ou *fidepromissores*, et ainsi l'on comprend, comme nous l'avons déjà dit, que les fidéjusseurs aient supplanté les autres *adpromissores* et que la *fidejussio* soit restée seule en usage.

Demandons-nous maintenant si les modalités sous lesquelles l'un ou l'autre des fidéjusseurs se trouve engagé, exercent une influence quelconque sur la division. En ce qui touche le terme, il ne peut y avoir de difficulté ; le terme, ne suspendant que l'exécution, ne peut mettre obstacle à la division des poursuites ; il ne peut y avoir une raison de douter que pour la condition ; car l'engagement du fidéjusseur conditionnel n'a pas encore pris naissance ; mais Ulpien décide qu'il devra diviser son action entre les cofidéjusseurs purs et simples et les cofidéjusseurs soit à terme, soit conditionnels, sauf à revenir contre les premiers par une action restitutoire, si les derniers sont insolvables à l'époque de l'échéance du terme ou de la réalisation de la condition (loi 27).

Supposons maintenant, que parmi les fidéjusseurs, il y en ait un d'incapable, et demandons-nous s'il faut en faire abstraction. Si cet incapable est une femme, en d'autres termes, si quelqu'un s'est porté cofidéjusseur avec une femme, le fidéjusseur mâle sera tenu *in solidum* sans pouvoir prétendre au bénéfice de division ; car il devait savoir, ou de sa part il y avait erreur grossière à ignorer qu'il n'est pas permis à une femme de faire un acte d'intercession. C'est ce que décide Papinien (loi 48 pr. *De fidej.*). Mais que décider pour le cas où les deux fidéjusseurs seraient, d'une part, un majeur, et, de l'autre, un mineur de vingt-cinq ans qui obtiendrait le bénéfice d'une restitution? Sur cette question, nous avons un texte de Papinien ainsi conçu : « Hinc similis et illa quæstio videri potest ob ætatem si restituatur unus fidejussor, an alter onus obligationis integrum excipere debeat. Sed ita demum alteri totum irrogandum est, si postea minor intercessit propter incertum ætatis ac restitutionis. » (loi 48, § 1 h. t.) Ce texte a donné lieu à plusieurs systèmes, à des explications différentes.

Une première opinion soutenue par Favre (Conject. liv. 8. ch. 1), explique le texte ainsi qu'il suit : Papinien déciderait que le majeur est tenu *in solidum* et que la *restitutio in integrum* l'empêche de demander le bénéfice de division lorsqu'il a cautionné après le mineur, car alors sa fidéjussion a pour but de garantir le créancier contre l'éventualité d'une restitution. C'est à cela que se réfèrent, dit Favre, les mots : « propter incertum ætatis ac restitutionis. » Nous écartons complètement cette explication, car non-seulement elle ne tient nul compte de la similitude annoncée par Papinien entre le cas prévu dans le pr. de notre loi et celui prévu dans le § 1er, mais elle corrige arbitrairement le texte en nous faisant lire *si post minorem* au lieu de *si post minor*.

L'explication fournie par Cujas (Comm. *in lib. quæst*, Pap. l. IV, C. 268 et suiv.) est plus plausible.

Cujas distingue suivant que le mineur est intervenu après coup, ou bien que les deux fidéjusseurs se sont obligés simultanément. Dans le premier cas, on devrait faire supporter au majeur tout le poids de la dette sans lui permettre d'invoquer le bénéfice de division. Dans le second au contraire, le majeur, malgré la restitution du mineur, conserverait le droit d'opposer le bénéfice de division ; le motif de cette seconde décision consiste dans l'ignorance où peut se trouver le majeur, quant à la capacité de son cofidéjusseur, et ce serait, d'après Cujas, à ce motif que les mots « propter incertum ætatis ac restitutionis » se référaient dans l'intention de Papinien.

Cette explication, quoique plausible, nous paraît torturer un peu trop le texte pour lui faire dire ce que en réalité il ne dit pas. En prenant le texte dans son sens naturel, on arrive à se convaincre que Papinien ne s'occupe que d'un seul cas et n'en résout positivement qu'un seul, celui où le mineur est intervenu après coup, et le motif que Papinien donne de sa décision peut parfaitement se comprendre sans aller, chose bizarre, supposer que c'est un motif d'une autre décision se référant à un cas différent, nullement mentionné dans le texte, sans croire que Papinien se donne la peine de justifier positivement une décision d'une question qu'il passe sous silence. Ce système est suivi par Godefroy et soutenu par un savant professeur, M. Machelard, *Traité des oblig. nat.*, p.246 et suiv.

Si le créancier a employé le dol pour obtenir l'intervention du mineur, il supportera seul le préjudice résultant de la restitution ; c'est ce qui ressort de la fin de notre texte : cette décision d'ailleurs est l'application de la règle que le dol ne doit nuire qu'à celui qui en est l'auteur. Ainsi la cofidéjussion entachée de dol sera maintenue à l'égard de l'autre fidéjusseur qui n'en jouira pas moins du bénéfice de division.

§ 3. *A quel moment et dans quelles formes le bénéfice de division peut-il être invoqué?*

Les deux questions qui font l'objet de ce paragraphe s'enchaînent l'une à l'autre. En effet, ce que nous disons sur la forme par laquelle ce bénéfice doit être invoqué nous permettra de fixer l'époque à laquelle cette demande doit être faite. Occupons-nous donc d'abord de la forme. Le bénéfice de division doit être formellement invoqué par celui des fidéjusseurs que le créancier se dispose à poursuivre in solidum ; la division n'a pas lieu de plein droit en vertu du rescrit d'Adrien. C'est ce qui résulte du § 4, aux Inst. *De fidej.*, où il est dit que le fidéjusseur doit « desiraro ut in se pro parte detur actio. » Ceci constitue une seconde différence entre la position d'un créancier qui se trouve en présence de fidéjusseurs, et celle d'un créancier qui a reçu des *sponsores* ou des *fidepromissores*. En effet ce dernier, s'il actionnait pour le tout un des *sponsores*, non-seulement il excéderait son droit, mais de plus la loi Furia *De sponsu* donne, « la manus injectio pro judicato adversus eum qui a sponsore plus quam virilem partem exegisset. » (Gaïus, Comm. IV, § 22.)

Le bénéfice de division, disons-nous, doit être formellement invoqué par le fidéjusseur. Mais comment les choses vont-elles précisément se passer? Le créancier amènera un des fidéjusseurs devant le magistrat et demandera au magistrat de lui délivrer une formule contre lui pour la totalité de la dette. Le fidéjusseur remarquera alors qu'il y a un autre fidéjusseur solvable et demandera que l'action ne soit donnée contre lui que pour moitié. Les choses étant ainsi, deux hypothèses peuvent se présenter : ou le créancier avoue la solvabilité de l'autre fidéjusseur, où il la dénie. Dans le premier cas, le magistrat n'accordera l'action que pour moitié. Dans le second, comme le préteur n'entre pas lui-même dans l'examen des faits, la question de savoir si les autres sont ou non solvables est déférée à la connaissance du juge au moyen de « l'exceptio si non et illi solvendo sint. » C'est à ce cas que Paul fait allusion dans la loi 28, D. *De fid.*

De ce qui précède, il résulte que, soit que le bénéfice de division se produise par voie de formule divisée, soit par voie d'exception, c'est toujours *in jure* qu'il doit être invoqué et qu'il doit l'être avant la *litis contestatio*. Cettesolution à laquelle la logique nous a conduits, est donnée par plusieurs textes, d'abord par le § 4, Inst. qui dit : « Qui modo solvendo sint litis contestatæ tempore, » ensuite par la loi 51, § 1, D. *De fidej.* On doit partager entre les fidéjusseurs la somme qu'ils doivent *litis tempore*. Puis la loi 51, § 4. D. lorsque l'action ayant été divisée entre les fidéjusseurs, quelques-uns sont devenus insolvables « post litem contestatam. »

Contre ces textes si unanimes pour reconnaître que c'est *in jure* que le bénéfice d'Adrien doit être invoqué, un texte existe qui pourrait faire croire qu'il est encore permis au fidéjusseur poursuivi d'invoquer le bénéfice *in judicio*. Ce texte, c'est une constitution de l'empereur Alexandre ainsi conçue : « Ut si qui cum altero fidejussit, non solus conveniatur, sed dividatur actio inter eos qui solvendo sint, ante condemnationem ex ordine postulari solet. » Loi 10, § 1, C. *De fidej.* Mais dans ce texte comme dans plusieurs autres, qui remontent à une époque où le système formulaire était en vigueur, le mot *condemnatio* signifie cette partie de la formule dans laquelle le magistrat donne au juge le pouvoir de condamner ou d'absoudre, et non pas la sentence de condamnation rendue par le juge (Gaïus, IV, § 39 et 43). *Ante condemnationem* veut dire avant que le magistrat n'ait complétement rédigé la formule, avant la *litis contestatio*. Ainsi entendu, ce texte se concilie parfaitement avec les lois précitées et leur vient à l'appui pour confirmer la décision que nous avons formulée.

§ 4. — *Effets du bénéfice de division.*

Le bénéfice de division ne produit pas un effet *ipso jure*, mais alors seulement qu'il est demandé. La possibilité de l'opposer au créancier, quand il agira, n'empêche pas les fidéjusseurs d'être tenus chacun *in solidum*. De là découlent plusieurs conséquences :

1° Si l'un des fidéjusseurs commence par payer sa part, *ipso jure* il peut être poursuivi pour le restant ; mais Papinien, partant de cette idée que ce fidéjusseur ne pouvait être placé dans une position pire que s'il n'avait en aucune façon satisfait à la dette, lui permettait de repousser le demandeur par exception l'*exceptio doli*, si à l'époque de la *litis contestatio* son cofidéjusseur était solvable (Dig. L. 51, § 1, *De fidej.*).

2° Si l'un des fidéjusseurs meurt sans héritiers ou devient insolvable, la part dont il était tenu dans la dette commune se répartit entre les autres (loi 26, D. h. t.).

3° Le fidéjusseur qui même par erreur paye la totalité ne peut pas exercer la *condictio indebiti* contre le créancier.

Lorsque le bénéfice de division a été régulièrement demandé chaque fidéjusseur n'est poursuivi que pour sa part. Pour le calcul des parts on compte seulement les fidéjusseurs solvables lors de la *litis contestatio*. Quant aux insolvabilités, le bénéfice de division les divise en deux catégories, celles qui sont antérieures à la *litis contestatio* et celles qui sont postérieures. Les premières sont à la charge des fidéjusseurs, et si le créancier est un mineur âgé de 25 ans qui a été lésé parce qu'il a fractionné ses poursuites sans tenir en ligne de compte les insolvabilités contemporaines de la *litis contestatio*, il obtiendra la *restitutio in integrum* (Dig. L. 52, § 1, *in fine. De fidej.*). Les secondes sont à la charge du créancier, même mineur de 25 ans, qui ayant divisé son action, suivant le droit commun, ne peut se faire restituer *in integrum* (Dig. L. 51, § 4, h. t.).

CHAPITRE III.

RECOURS DE LA CAUTION ET BÉNÉFICE DE CESSION D'ACTIONS.

§ 1er. — *Recours de la caution.*

La caution qui a payé et a ainsi libéré le débiteur principal et les autres cautions, a un recours contre eux, à moins qu'il ne se soit engagé *donandi animo*, abdiquant ainsi toute idée de recours, et intervenant seulement dans une intention de libéralité.

I. Occupons-nous d'abord du recours qu'elle a à exercer contre le débiteur principal. Gaïus nous dit à cet égard que la faculté pour celui qui a payé la dette de recourir contre le débiteur principal s'applique à tous les *adpromissores*. Com. III, 3 § 127. Sur ce recours toutefois il convient de faire plusieurs distinctions : 1° il est d'abord possible, et ce sera le cas le plus fréquent, que le fidéjusseur soit intervenu par suite d'un mandat. Dans ce cas il a l'action *mandati contraria* : contre le débiteur, si c'est lui qui a donné le mandat; contre le tiers, dans le cas où c'est un tiers qui lui a donné mandat d'intervenir en qualité de fidéjusseur; 2° le fidéjusseur peut être intervenu sans avoir reçu à cet égard aucune espèce de mandat, mais dans l'intention de faire l'affaire d'autrui; dans ce cas il a l'action *negotiorum gestorum contraria;* 3° le fidéjusseur s'est obligé malgré la défense du débiteur. Dans ce cas il y avait divergence entre les jurisconsultes romains. Quelques-uns lui donnaient une action utile. Mais Pomponius et Paul ne partageaient pas cet avis. C'est ce qui résulte de la loi 40 *De mandati,* 17, 1, ainsi conçue : « Si pro te præsente et vetante fidejusserim nec mandati actio nec negotiorum gestorum est, sed quidam utilem putant dari oportere. Quibus non consentio, secundum quod a Pomponio videtur. » Justinien, admettant l'opinion de Pomponius et de Paul, pose en règle générale que l'homme qui vous a défendu de vous mêler de ses affaires ne peut être tenu envers vous d'aucun recours quand vous contrevenez à sa défense (loi 24, C. *De negot. gest.* 2, 19).

A propos du recours de la caution contre le débiteur, remarquons en passant une particularité qui distinguait la *sponsio* non-seulement de la *fidejussio*, mais aussi de la *fidepromissio*. Le *sponsor* qui avait payé la dette pouvait recourir contre le débiteur par une action particulière appelée *actio depensi*. « Sponsores ex lege publilia propriam habent actionem in duplum, quæ appellatur depensi. » Gaius III, § 127, *in fine*.

Par cette action, si le débiteur contestait mal à propos la prétention du demandeur, il serait condamné au double.

Le fidéjusseur, avons-nous dit, a un recours, mais ce recours est soumis à deux conditions :

1° D'avoir payé, ou de se trouver, par suite de la fidéjussion, dans une position aussi onéreuse que s'il avait payé;

2° D'avoir payé utilement pour le débiteur principal.

Première condition. — Il suffit que le fidéjusseur ait payé, peu importe que ce soit librement ou en vertu d'une condamnation, à titre de fidéjusseur ou à un autre titre. Ainsi le fidéjusseur est devenu le tuteur du pupille créancier du *reus* : il a dû se payer à lui-même, et bien que plus tard il ait été *tempore liberatus*, il sera néanmoins forcé de payer en vertu de l'*actio tutelæ directa*, qui sera donnée aussi contre ses héritiers; mais il pourra recourir contre le *reus* par l'*actio mandati contraria*; quelle que soit la qualité en laquelle il a payé, il n'en a pas moins payé pour le compte du débiteur principal. On ne saurait le repousser en lui disant que ce payement est inutile, attendu qu'il n'a pas pu être *auctor* dans sa propre cause; il répondrait que ce n'est pas dans sa propre cause qu'il a été *auctor*, mais bien dans celle du *reus* qu'il a voulu libérer (loi 69, Dig. *De fid.*).

Au point de vue du recours du fidéjusseur, il importe peu de savoir comment a été fait le payement; ainsi la consignation dans un dépôt public de la somme due à un mineur de 25 ans, faite pour se mettre à l'abri de la *restitutio in integrum*, la délégation de la part du fidéjusseur d'un de ses propres débiteurs donnent, comme le payement, ouverture à l'*action mandati contraria* (lois 64, 56, § 1, *Mandati*).

Doit-on considérer comme un payement la remise de toute la dette, faite *in rem* d'une manière absolue au fidéjusseur pour le créancier? Il y a deux points de vue à considérer à la fois, la libération procurée au débiteur, et la dépense faite par le fidéjusseur. Si on ne considérait que le premier, il faudrait donner au fidéjusseur l'action du mandat toutes les fois qu'il procure au débiteur sa libération : par conséquent, toutes les fois qu'il obtient une remise *in rem* de la dette. Mais nous attachant aussi au second point de vue, nous ne donnerons l'action que si la remise a été faite au fidéjusseur dans l'intention de le récompenser de quelque service, car elle lui coûte alors la récompense qu'il pouvait espérer et qu'il doit retrouver dans l'exercice de l'*actio mandati* (loi 12, D. Ulpien).

Si la remise lui a été faite par pur esprit de libéralité, il n'aura pas l'action de mandat, car cette action n'est donnée que pour ce qu'a coûté au mandataire l'accomplissement du mandat, et il ne lui a rien coûté (loi 26, § 4, D. *Mandati*). Ici on objectera le paragraphe précédent : un homme créancier d'un tiers veut faire une libéralité à son ami, obligé par fidéjussion vis-à-vis de ce tiers; il obtient du tiers, en le libérant lui-même, qu'il fasse remise de sa créance au fidéjusseur. Paul dit que le fidéjusseur pourra agir immédiatement par l'action du mandat. Et cependant la libération du débiteur ne lui coûte rien ! C'est une erreur, elle lui coûte sa créance contre le tiers, que le bienfaiteur lui a en quelque sorte donnée pour racheter la sienne. Ce n'est pas gratuitement que le créancier a libéré le fidéjusseur, c'est au prix de sa propre libération qu'il lui a vendu la libération du débiteur principal.

Supposons l'espèce suivante : le fidéjusseur est devenu l'héritier du stipulant. A-t-il l'*actio mandati* contre le débiteur comme s'étant payé lui-même? Non, dit Africain (loi 21, § 5, D. *Mandati*), car la réunion sur la même tête des qualités d'*adpromissor* et de stipulant ne décharge pas le débiteur de son obligation. Il reste donc tenu *ex stipulatu*, et c'est cette action que le fidéjusseur devra exercer vis-à-vis même de ce dernier; mais il ne peut donc exercer l'*actio mandati*, qui suppose un payement ou un acte équivalent.

Avant même d'avoir payé, le fidéjusseur peut

recourir contre le débiteur par l'*actio mandati* : il suffit pour cela qu'il ait été condamné à payer. C'est ce que décide la loi 45 *De fidej.*, et cela bien entendu dans le cas où le fidéjusseur a été condamné sans sa faute, où il n'a pas négligé d'opposer un moyen de défense important. Mais si le fidéjusseur a opposé une exception qui devrait le mettre à couvert, et que le juge injustement n'ait pas tenu compte de cette exception et l'ait condamné, dans ce cas, la loi 67 Dig. h. t., décide qu'il ne sera rien remboursé au fidéjusseur par l'action du mandat, parce qu'il est plus équitable que l'injustice faite au fidéjusseur pèse sur lui et non sur le débiteur étranger au procès.

Deuxième condition. — Il faut que le payement ait été utile au débiteur, qu'il l'ait libéré. Il faut que ce payement ait été valable. Un fidéjusseur avait promis un esclave ; il en donne un qui ne lui appartient pas. Il ne s'est pas libéré et n'a pas libéré le débiteur principal ; il n'aura donc aucun recours contre lui ; toutefois, d'après Julien, si le créancier avait usucapé l'esclave, le débiteur serait libéré, et l'*actio mandati* s'ouvrirait au profit du fidéjusseur (loi 47, § 1). Il faut que ce payement ait été utile au débiteur : ainsi si le fidéjusseur, après avoir payé, néglige d'en instruire le débiteur, et que ce dernier paye une seconde fois, Ulpien décide que le fidéjusseur n'aura pas l'*actio mandati*, car il est coupable d'une sorte de dol. Tout ce qu'il pourra demander, c'est que le débiteur lui cède son action en répétition de l'indu (loi 29, § 3). Mais si c'est le débiteur qui a payé sans en avertir le fidéjusseur et que ce dernier ignorant l'extinction paye une seconde fois, bien que ce payement ne soit pas utile au débiteur, il faut, dit Ulpien, lui donner l'*actio mandati*, car s'il a ignoré le payement fait par le débiteur, ce n'est pas sa faute. C'est pour la même raison que les jurisconsultes romains décidaient en général que dans le cas où le *reus* et le fidéjusseur se sont obligés à terme et que ce dernier paye avant l'échéance, son recours contre le *reus* ne peut avoir lieu qu'après l'échéance du terme. Avant cette époque, le payement n'a pas été utile au *reus* (loi 22, § 1 et 31, *Mandati*, loi 31. *De fidej*).

II. Recours d'une caution contre les autres. La loi Apuléia, rendue l'an 652 de la fondation de Rome, avait établi une sorte de société entre les différents *sponsores* ou *fidepromissores* qui avaient cautionné une même dette : de là il résultait que celui d'entre eux qui avait payé plus que sa part avait un recours contre les autres par l'action *pro socio*. Cette loi s'appliquait non-seulement en Italie, mais dans tout l'Empire (Gaïus C. III, § 112, 1er alinéa). Un peu plus tard, la loi Furia décida que le *sponsor* ou le *fidepromissor* ne seraient pas tenus *in solidum*, mais que leur obligation se diviserait entre ceux qui existeraient au moment où elle deviendrait exigible. Cette loi n'était applicable qu'à l'Italie, et cela nous explique comment, même après cette loi, la loi Apuléia continua à être utile. La condition que ces lois faisaient au *sponsor* et au *fidepromissor* était donc bonne; mais il n' en était pas de même du fidéjusseur : « Alia sane est fidejussorum conditio, » nous dit Gaïus dans le second alinéa du § 122 de son Com. III, et il ajoute : « Itaque si creditor ab uno totum consecutus fuerit, hujus solius detrimentum erit, scilicet si is pro quo fidejussit solvendo non sit. » Par ces mots Gaïus veut simplement dire qu'entre fidéjusseurs il n'y pas lieu au bénéfice de la loi Apuléia. Mais on ne pourrait pas dire, d'une manière absolue, comme nous engagerait à le faire le § 4 Inst. *in fine De fidej*, que celui de plusieurs fidéjusseurs qui paye toute la dette n'a d'action que contre le débiteur, et doit nécessairement être en perte si ce débiteur est insolvable.

Non, cela n'est vrai que sauf le bénéfice *cedendarum actionum*, qui peut très-bien être invoqué par le fidéjusseur : « fidejussoribus succuri solet, » dit Julien, « stipulator compellatur ei qui solidum solvere paratus est vendere cæterorum nomina. » (Loi 17, Dig. *De fidej.*)

§ 2 *Bénéfice de cession d'actions.*

. Il faut d'abord se demander quel intérêt a le

fidéjusseur à invoquer le bénéfice *cedendarum actionum*. Ne jouit-il pas du bénéfice de division et ne préférera-t-il pas s'en tenir à ce dernier et éviter une avance de fonds peut-être considérable? Non, il n'en sera pas toujours ainsi. En effet, supposons que le débiteur étant personnellement insolvable, l'obligation se trouve garantie par une hypothèque suffisante, alors il serait évidemment de l'intérêt du fidéjusseur de payer toute la dette en invoquant le bénéfice *cedendarum actionum*; car, subrogé dans l'hypothèque, il serait bien sûr de ne rien perdre, quand même la chose hypothéquée serait entre les mains d'un tiers détenteur, car il pourrait poursuivre cette chose, même en ses mains pour être payé sur le prix. (Gordien, L. 14 C. *De fidej*. 8, 41.)

De plus, le fidéjusseur, invoquant le bénéfice de division, ne pourra diviser l'action qu'entre les fidéjusseurs solvables lors de la *litis contestatio*; il devra donc supporter non-seulement sa part, mais tout ou partie de la part des insolvables, tandis que la cession d'actions le mettra à même de demander plus tard à ceux-ci le payement de leur part si leur position de fortune s'améliore.

Après avoir montré l'intérêt que peut avoir le fidéjusseur à demander le bénéfice *cedendarum actionum*, il faut nous débarrasser d'une objection qui se présente assez naturellement à l'esprit lorsqu'on étudie ce bénéfice.

On se demande comment il est possible que,

relativement aux mêmes droits de créance, il y ait tout à la fois payement fait au créancier et cession par lui consentie? Si le créancier a été payé, ses droits sont par là même éteints; comment donc peuvent-ils encore être cédés, puis exercés par le cessionnaire? Paul répond à cette question en disant que l'argent donné par le fidéjusseur a été donné pour payer le prix de la vente de la créance et non pour payer la créance elle-même; celui qui comptait l'argent et celui qui le recevait ne voulaient pas éteindre la créance, puisque c'est précisément là ce que l'un achetait et ce que l'autre vendait. (Loi 36, D. *De fid.*)

La supposition d'une vente antérieure n'est pas nécessaire pour expliquer comment les actions peuvent être cédées au *mandator pecuniæ credendæ* qui, lui aussi, lorsqu'il désintéresse le créancier, a droit au bénéfice *cedendarum actionum*. Dans le cas dont il s'agit, en effet, il y a deux obligations distinctes fondées sur des causes différentes : il y a d'abord celle résultant à la charge du mandant en vertu du mandat, et celle à la charge du débiteur en vertu du *mutuum*. Si donc le créancier fait condamner le *mandator* bien que celui-ci paye une somme égale à la somme prêtée, c'est en son nom qu'il le fait, et pour acquitter l'obligation dont il est tenu en vertu du mandat. L'obligation résultant du *mutuum* continue d'exister et le prêteur conserve son action contre l'emprunteur. Mais s'il intentait une action contre le débiteur il serait repoussé par l'exception *doli mali*, car, après avoir reçu du mandant le montant de la somme prêtée comme indemnité du non-payement du prêt, il n'est pas équitable qu'il le reçoive une seconde fois de l'emprunteur comme payement du prêt. Il devra donc céder au *mandator* ses actions contre le *reus* et si le prêteur ne voulait pas faire cette cession, le *mandator* aurait contre lui, pour l'y contraindre, l'*actio mandati directa*. C'est ce que dit formellement Papinien dans la loi 28, D. *Mandati* XVII, 1, et c'est à cette explication qu'évidemment le même jurisconsulte se réfère lorsque dans le § 10, de la loi 95, *De solutionibus*, il dit : « Non liberari debitorem ratio suadet. »

La cession que le fidéjusseur peut exiger du créancier qui le poursuit se réalise au moyen d'un mandat : le fidéjusseur est constitué par le créancier *procurator in rem suam*. Mais si méchamment le créancier ne voulait pas faire la cession des actions qui lui sont désormais inutiles, le fidéjusseur se laisserait poursuivre et, au moyen de l'exception *dolo mali* qu'il avait soin de faire insérer dans la formule, il obtiendrait son absolution. Après avoir déterminé la manière par laquelle le fidéjusseur fera valoir le bénéfice *cedendarum actionum*, il faut nous demander jusqu'à quel moment la cession est possible? Il est clair que le fidéjusseur poursuivi par le créancier ne peut plus *lite semel contestata*, demander qu'on lui cède les actions contre le débiteur principal et contre les autres fidéjusseurs, et cela en raison de l'effet extinctif de la *litis contestatio*. Mais s'il s'agit d'un *mandator pecuniæ credendæ*, la même décision ne peut être admise. La poursuite adressée contre l'un des *mandatores* ne libère point les autres : ce qui les libère, c'est le payement effectif reçu par le créancier. Il peut donc exiger la cession même après la *litis contestatio*, il peut la demander *in judicio*, et si le créancier résiste à sa demande, le juge ne prononcera pas de condamnation.

Enfin, si la condamnation est prononcée, il attendra qu'on le poursuive par l'action *judicati*, et alors il réclamera la cession sous forme d'exception. L, 41, § 1, *De fidej*. Depuis la loi 28 C. *De fidej*. qui assimile, en ce point, la fidéjussion et le mandat, le *fidejussor* peut opposer le bénéfice de cession d'actions jusque sur l'action *judicati*.

Pour en finir sur cette matière il nous reste à voir si, lorsque le créancier s'est mis hors d'état de céder ses actions, le fidéjusseur peut se dispenser de payer la totalité de la dette? La négative nous semble devoir être admise : le fidéjusseur peut invoquer le bénéfice *cedendarum actionum*, mais ne peut prétendre qu'à la cession des actions telles que le créancier les a en ce moment : c'est, comme le prouve la loi 17 *De fidej.*, un pur bénéfice fondé sur ce que le créancier à qui le fidéjusseur vient payer, aurait mauvaise grâce à ne pas céder des actions qui ne pourraient plus lui servir à rien et qui peuvent être utiles à ce fidéjusseur. Mais le créancier n'a contracté aucune obligation de conserver ses actions en vue de cette cession; aucun contrat bilatéral ne lie le créancier envers le fidéjusseur ; ce dernier seul a contracté une obligation par la stipulation. La preuve en résulte clairement de la loi 15 §, 1, *De fidej*. Ce texte suppose que deux personnes se sont portées fidéjusseurs envers un créancier pour vingt. Le créancier fait pacte *de non petendo* avec l'un des fidéjusseurs moyennant cinq : malgré cela il conserve contre l'autre fidéjusseur son action pour toute sa créance de vingt, moins les cinq qu'il s'est fait donner ou promettre, c'est-à-dire pour quinze, sans qu'il puisse lui opposer aucune exception, car il n'est pas convenu avec lui qu'il ne lui demanderait rien, et il n'était pas obligé à son égard de lui conserver l'action contre l'autre fidéjusseur. Ce fragment de Julien, remarquons-le en passant, prouve qu'il dépend du créancier qui a deux fidéjusseurs, en faisant un pacte avec l'un de priver l'autre du bénéfice *cedendarum actionum*, mais n'y a-t-il pas antinomie entre la loi 15, § 1, *De fidej.* d'une part, et la loi 95, § 11, *De solut.*, et la loi 45 D. *De adm. et peric. tut.* 26, 7, d'autre part? D'après la loi 95, § 11, si le créancier dans l'instance contre son débiteur a encouru une déchéance par sa faute, il ne doit rien obtenir du mandant par l'action du mandat, puisqu'on peut lui reprocher de s'être mis dans l'impossibilité de céder ses actions au mandant. Et d'après la loi 45 si un pupille, après sa puberté, a libéré un de ses tuteurs, il y aura improbité. Ainsi, d'après la première loi, sur le mandat de Primus, Secundus a prêté vingt à Tertius ; Secundus intente contre Tertius la *condictio certi* résultant du *mutuum* ; mais s'étant fait délivrer une formule où l'*intentio* portait vingt-cinq, il a perdu son procès, parce qu'il y avait de sa part plus-pétition. Il veut maintenant se faire rembourser par le *mandator primus*, en exerçant contre lui l'*actio mandati contraria*. Celui-ci lui répondra : Puisque par votre faute vous avez perdu l'action que vous auriez dû conserver pour me la céder, la bonne foi veut que je sois quitte envers vous. Ainsi, d'après cette loi, le mandant peut, lorsque le créancier s'est mis hors d'état de céder ses actions, se dispenser de payer. De même, d'après la seconde loi, si l'ex-pupille a fait remise à un de ses tuteurs de sa part dans le compte de tutelle, il manque à la bonne foi en voulant s'en faire payer par l'autre tuteur.

De l'analyse des textes qui précèdent il résulte que la décision sur la question qui nous occupe est tout autre, suivant qu'il s'agit d'un *mandator* ou d'un *fidejussor*.

Cette différence tient à ce qu'il existe entre le créancier prêteur et le *mandator pecuniæ cre-*

dendæ, entre le pupille et le tuteur, des obligations réciproques naissant du rapport contractuel du mandat ou du rapport quasi-contractuel de tutelle, qui assujettissent le prêteur ou l'expupille à conserver les actions qu'il doit céder au mandant ou au tuteur, pour assurer à celui-ci le moyen de rentrer dans ses déboursés ; tandis que, lorsqu'il s'agit d'un fidéjusseur, le créancier n'a contracté aucune obligation de conserver ses actions en vue d'une cession. Aucune antinomie donc entre les textes cités, il y a seulement une différence entre les décisions, mais qui s'explique parfaitement par la différence des situations. Cujas (*Comm.*, *in lib.* II, *Digest, Juliani*, ad. h. t. 15, § 1, t. 6, p. 341), et après lui Pothier (Pand., *De fid.*, n° 47), n'ont pas aperçu cette différence délicate entre les rapports du *mandator pecuniæ credendæ* avec le prêteur, et ceux du fidéjusseur avec le créancier, et pour expliquer l'opposition qui leur paraît exister entre la loi 95, § 11, *De solut.* et la loi 15, § 1, *De fidej.*, ils disent que dans la loi 95, il y a une faute du créancier, faute dont il doit souffrir, et qu'il paye par la perte de son action contre le mandant.

Au contraire, dans la loi 15, ils ne voient dans le pacte par lequel il a renoncé à agir qu'un acte de libéralité qui n'est pas blâmable, mais louable. Le créancier a voulu être libéral envers l'un des fidéjusseurs et non envers l'autre. On ne peut pas lui reprocher d'avoir plus d'affection pour celui-là que pour celui-ci. Ce raisonnement n'est pas exact, car la libéralité est, il est vrai, louable, mais seulement quand on l'exerce à ses propres frais et non aux dépens d'autrui.

TROISIÈME PARTIE.

EXTINCTION DE LA FIDÉJUSSION.

L'obligation du fidéjusseur s'éteint de deux manières : 1° par voie de conséquence ; 2° par voie principale, c'est-à-dire indépendamment de l'obligation principale.

CHAPITRE Ier.

EXTINCTION PAR VOIE DE CONSÉQUENCE.

L'obligation du fidéjusseur étant l'accessoire de celle du débiteur ne peut pas, en règle générale, lui survivre. Néanmoins cette règle générale reçoit quelques exceptions : nous nous occuperons d'abord de l'application de la règle générale et ensuite de celle des exceptions.

1er. *Application de la règle générale.*

Occupons-nous d'abord des modes qui éteignent l'obligation *pro jure*.

Le payement réel, c'est le mode naturel d'éteindre l'obligation tout entière avec tous ses accessoires. Au payement il faut assimiler la dation en payement : à la vérité, dans l'ancien droit, suivant les Proculiens, l'obligation n'eût été atteinte qu'*exceptionis ope*. Mais dans l'opinion des Sabiniens, qui a prévalu, la dation en payement a la même puissance extinctive que le payement.

L'acceptilatio. — C'est un payement imaginaire qui éteint complétement les obligations verbales, qu'elles soient telles dès le principe ou qu'elles soient devenues telles par novation. Si l'*acceptilatio* a été faite à l'un de plusieurs obligés, ce n'est pas lui seul qui est libéré, mais tous ceux qui étaient obligés avec lui. Ce principe, qu'Ulpien, dans la loi 16 pr., D. *De accept.*, applique au cas de *correi promittendi*, s'applique toutes les fois que plusieurs personnes sont *ejusdem obligationis participes.* Ainsi l'*acceptilatio* faite au débiteur libère tous les fidéjusseurs, de même celle faite au fidéjusseur libère le débiteur principal et par conséquent tous les autres débiteurs accessoires (loi 16, § 1, loi 13, § 7, *De accept.*).

La novation. — Dans tous les cas où il y a novation, l'obligation principale est éteinte et avec elle tous les accessoires, tels que fidéjussion ou hypothèque. Mais ce dernier résultat ne pourrait-il pas être empêché par une convention spéciale, et ne pourrait-on pas rattacher à la nouvelle obligation les accessoires de l'ancienne? En ce qui concerne les fidéjusseurs, le doute n'est pas possible; il faut décider que, sans l'aveu des fidéjusseurs qui garantissaient l'ancienne obligation, les parties entre lesquelles se forme la nouvelle ne peuvent pas les rattacher à cette dernière. En effet, une personne ne cautionne une obligation que parce qu'elle existe au profit de tel créancier, à la charge de tels ou tels débiteurs, que parce qu'en elle-même et objectivement elle a tel ou tel caractère. C'est d'ailleurs ce que décident la loi 60 *De fid.*, 46, 1, et une constitution de l'empereur Caracalla qui forme la loi 4 C. *de fid.*, 8, 41.

La confusion. — Quand les qualités de débiteur et de créancier se trouvent confondues dans la même personne, le créancier ayant succédé au débiteur, ou le débiteur au créancier, ou un tiers à l'un et à l'autre, cette confusion libère le fidéjusseur comme le ferait un payement, « veluti solutionis jure sublata obligatione, » nous dit Paul, loi 71 pr. *de fidej.* Mais comme cette comparaison entre la confusion et le payement assez exacte quand il n'y a qu'un débiteur principal, cesse de l'être qu'and il y en a plusieurs, Paul ajoute dans le même texte une autre raison, c'est que nul ne peut être obligé, à titre de fidéjusseur, pour une personne envers cette même personne. Le résultat signalé plus haut va de soi quand il n'y a qu'un *reus*. Mais si l'on suppose qu'il y a plusieurs *correi* et un fidéjusseur qui est intervenu pour tous, il se produit des complications qui sont prévues dans la célèbre loi Graius Antoninus (loi 71 pr. *De fid*). Dans cette loi le jurisconsulte raisonne dans l'hypothèse d'un mandat *credendæ pecuniæ*, mais son application à la fidéjussion n'est pas douteuse. Voici l'espèce : Prim us et Secundus sont tenus d'une obligation corréale à laquelle Titius accède en qualité de fidéjusseur ou de *mandator;* il se trouve que le créancier devient l'unique héritier du créancier, ou bien encore, et c'est là l'hypothèse de la loi 71, que le fisc succède au créancier et au débiteur Primus. L'espèce ainsi posée, que décider d'abord quant aux *correi?* Est-ce seulement Primus qui est libéré, ou bien Secundus l'est-il aussi comme s'il y avait eu payement? Le juriconsulte décide que la confusion retire de l'obligation la personne seule dont les droits viennent se confondre avec ceux du créancier. Secundus y reste donc soumis. On ne peut plus ici comparer l'effet de la confusion à celui du payement. L'obligation corréale est une objectivement, mais multiple subjectivement; la confusion, portant sur la personne qu'elle supprime, laisse subsister l'obligation pour les autres. Secundus reste donc soumis à l'obligation, mais le créancier peut-il utilement s'attaquer à lui?

Il faut distinguer : s'il n'y avait pas société entre Primus et Secundus, comme dans la succession de Primus, l'héritier ne trouve aucune obligation de garantie envers Secundus, il peut poursuivre ce dernier pour le tout. Mais si les débiteurs étaient associés, Secundus pourrait dire au créancier qui l'attaque : « Vous réunissez deux qualités, celle de créancier et celle de codébiteur; si la *condictio* que vous intentez en votre qualité de créancier m'obligeait à vous payer la totalité de la dette, je pourrais immédiatement vous poursuivre en votre qualité de codébiteur par l'action *pro socio*, et vous forcer de me rembourser la moitié. Ainsi je vous oppose l'exception de dol pour obtenir la compensation de cette moitié et faire réduire à l'autre moitié la somme au payement de laquelle je puis être condamné envers vous. Arrivons maintenant au débiteur accessoire, au fidéjusseur. Ce dernier, en tant que fidéjusseur de Primus, est libéré, attendu qu'il ne peut pas être tenu pour la même personne envers la même personne; mais en sa qualité de fidéjusseur de Secundus qui reste débiteur, il reste dans les liens de l'obligation, mais sera-t-il contraint de payer le créancier? Non, car si Titius pouvait être contraint de payer le créancier, il aurait à l'instant le droit de recourir *in solidum* contre lui. Il lui dirait : « Vous avez succédé à l'obligation que Primus avait contractée envers moi en me donnant mandat de le cautionner. » Titius est donc à l'abri de toute poursuite; il pourra opposer l'exception de dol en invoquant la maxime : « Dolum facit qui petit quod statim redditurus est» (Paul, loi 8 pr. *De doli mali et met. exc.* 44, 4).

Il obtiendra ainsi la compensation et partant l'absolution de la poursuite. Paul termine en disant que, quand le créancier qui a un débiteur et un fidéjusseur succède au fidéjusseur, ou bien quand le fidéjusseur succède au créancier, le débiteur demeure obligé. L'obligation principale peut très-bien subsister sans l'obligation accessoire.

Le pacte est un moyen d'éteindre complétement, quand les choses sont entières, *re integra*, les obligations qui se contractent par le seul consentement, et de libérer débiteur et fidéjusseur.

Nous nous sommes occupé jusqu'à présent des modes qui éteignent l'obligation *ipso jure*, mais certains modes ne l'éteignent qu'*exceptionis ope*. On se demande si le fidéjusseur peut s'en prévaloir, et en général s'il peut opposer au créancier les exceptions que pourrait lui opposer le débiteur principal. En principe, la réponse doit être affirmative, § 4 *De replicat. inst.* Ainsi un créancier a fait le pacte de *non petendo in rem* avec son débiteur, si, à l'échéance, il poursuit le fidéjusseur, celui-ci qui, forcé de payer, aurait recours contre le débiteur par l'action *mandati* ou *negotiorum gestorum*, pourra échapper à la condamnation en faisant prévaloir l'*exceptio pacti conventi*, car l'exception peut être invoquée par toute personne qui se trouve dans une position telle qu'il est de l'intérêt du débiteur lui-même qu'elle puisse l'invoquer.

Un *filiusfamilias* qui a contracté un emprunt d'argent malgré la prohibition du sénatus-consulte Macédonien donne un fidéjusseur; ce fidéjusseur, s'il n'est pas intervenu *donandi animo*, peut invoquer l'*exceptio senatus-consulti Mace-*

doniani. Car, s'il était obligé de payer, il aurait un recours contre le fils, et, en fait, le senatus-consulte serait violé. Quant à l'exception *senatus-consulti Velleiani*, elle pourra toujours être opposée par le fidéjusseur, parce qu'ici la dette principale est absolument nulle : il n'y a pas même une obligation naturelle.

Enfin, il y a certaines exceptions que le débiteur principal peut seul invoquer, telle est, par exemple, l'exception *nisi bonis cesserit*. Les exceptions de cette dernière catégorie sont dites *personæ cohærentes*; celles qui, suivant la règle générale, peuvent être invoquées par le fidéjusseur sont appelées *rei cohærentes*. Les premières tiennent à une idée de faveur personnelle accordée au *reus*; les secondes sont inhérentes à l'affaire elle-même.

§ 2. *Application des exceptions.*

Etudions maintenant certains cas où le fidéjusseur reste obligé quoique il n'existe plus une personne sur laquelle puisse reposer l'obligation principale à laquelle avait accédé l'obligation fidéjussoire.

1° Lorsque l'obligation principale a pour objet un corps certain et déterminé qui périt par la faute du fidéjusseur. Ainsi si nous supposons que le fidéjusseur tue l'esclave promis, le débiteur est libéré, mais le fidéjusseur reste tenu; mais par quelle action sera-t-il poursuivi? Papinien, dans la loi 95, *in fine*, Dig., *De sol.*, et lib. 46, 3, donne au créancier l'action *ex stipulatu*. Mais ce jurisconsulte semble, dans d'autres textes, se contredire. Ainsi, dans la loi 19, Dig., *De dolo malo*, 4, 3, reproduisant l'opinion de Nératius, Priscus et Julien, il dit que le fidéjusseur n'est tenu que de l'action *de dolo*. Ce n'est pas tout. D'autres jurisconsultes décident que, dans notre cas, ce n'est ni l'action *ex stipulatu*, ni celle *de dolo* qui est donnée au créancier, mais bien une action *ex stipulatu utilis*. C'est ce que décide Marcien dans la loi 32, § 5 (Dig., *De usuris et fructibus*, 22, 1). On ne saurait concilier ces textes; il faut reconnaître des traces d'un progrès successif dans la doctrine des jurisconsultes.

2° Lorsque le débiteur est mort sans héritier. Bien qu'il n'existe plus personne sur qui puisse reposer l'obligation principale, le fidéjusseur est tenu de l'action *ex stipulatu*, d'après la loi 95, *in fine*. *De solut.* Cependant Papinien semble donner une décision différente dans la loi pr. D., *Ut legat. servand. causa cav.*, 36, 3. Dans ce dernier texte Papinien refuse toute espèce d'action contre le fidéjusseur, parce qu'il n'existe pas une personne sur laquelle puisse reposer l'obligation principale. L'antinomie entre ces deux textes n'est qu'apparente. En effet, les hypothèses sur lesquelles ces deux lois statuent sont bien différentes. La loi 95 suppose que l'obligation a commencé et décide que, quoique la personne obligée ait cessé d'exister sans successeur qui la représente, la fidéjussion subsiste. Au contraire, d'après la loi 5, l'obligation du débiteur principal n'a jamais existé ; elle n'a pas pris naissance, car la condition opposée au legs pour lequel l'héritier à fourni caution au légataire ne s'est accomplie qu'après le moment où l'héritier est tombé au pouvoir des ennemis. Or, le fidéjusseur ne peut pas être tenu avant que le débiteur principal soit tenu lui-même ; « fidejussor antequam reus debeat convenire non potest », dit Scævola, loi 57, D., *De fid.* Il faut attendre ou bien que l'héritier soit revenu dans ses foyers, et alors, comme en vertu du *jus postliminii*, il sera réputé tenu du jour de l'accomplissement de la condition, le fidéjusseur pourra être actionné ; ou bien que l'héritier soit mort chez l'ennemi, et alors encore le fidéjusseur pourra être actionné, car, d'après la loi Cornélia, la succession du captif étant réputée ouverte du jour de sa captivité, son héritier sera réputé avoir été tenu du jour de la condition accomplie. Avant l'un ou l'autre de ces deux événements, il ne pourra nullement être actionné.

3° Quand le créancier a été envoyé en possession des biens du débiteur (loi 21, § 3 *in fine*, *De fidej.*).

CHAPITRE II

EXTINCTION DE LA FIDÉJUSSION INDÉPENDAMMENT DE L'OBLIGATION PRINCIPALE.

Certains faits éteignent directement la fidéjussion sans atteindre l'obligation principale. Tels sont : le payement fait par le fidéjusseur avec cession des actions des créanciers ; il éteint l'obligation du fidéjusseur et laisse subsister à son profit celle du débiteur ; la confusion de la qualité de fidéjusseur avec celle de débiteur.

Quand le fidéjusseur devient seul héritier du débiteur principal, ou réciproquement, l'obligation et l'action dont il serait tenu comme le fidéjusseur disparaissent par confusion, et il n'est plus tenu que comme débiteur principal, car une personne ne peut pas être obligée pour elle-même en qualité de caution. C'est ce que nous trouvons énoncé dans la loi 5 Dig. *De fid.* Ce texte établit une comparaison entre le cas où il y a une obligation principale et une obligation accessoire, et le cas où il y a deux obligations principales. Dans ce dernier cas, Ulpien décide qu'il ne s'opère pas de confusion et que les deux obligations coexistent. Ainsi si un promettant corrée est devenu héritier de son copromettant, il supporte deux obligations : car on ne peut pas trouver quelle est celle des deux obligations qui détruirait l'autre, quelle est celle des deux qui devrait absorber l'autre; tandis que s'il s'agit du fidéjusseur et du débiteur principal, on le trouve, parce que l'obligation du débiteur principal est plus pleine. Après avoir posé des règles sur les deux hypothèses différentes dont nous nous sommes occupé, et avoir établi les motifs qui les ont fait admettre, voyons quel intérêt pratique leur application va nous offrir. Et, d'abord, quant aux *correi*, Scœvola, dans la la loi 93, D. *De sol.* et lib., 46,3, nous l'indique fort clairement. Le voici : un des deux corrées a fait un pacte de *non petendo* avec le créancier; ce *correus* : vient à mourir et laisse pour héritier son *correus* : il y a intérêt à savoir si les deux obligations subsistent sur la tête de l'héritier, ou bien si elles se sont confondues. En effet, dans le premier cas, le créancier pourra faire abstraction de sa qualité d'héritier et poursuivre l'héritier en qualité de débiteur originaire et ce dernier ne pourra pas lui opposer le pacte *de non petendo*. Au contraire lorsque le fidéjusseur devient seul héritier du débiteur principal et réciproquement, l'exception qui pourrait être donnée au défendeur comme fidéjusseur, par exemple l'exception de *non petendo*, ne pourra être opposée par lui, s'il est actionné en qualité de débiteur principal ou, du moins, si elle est opposée, elle pourra être paralysée par une *replicatio in factum* ou par une *replicatio doli mali*.

Deux obligations, avons nous dit, dont l'une

est principale et l'autre accessoire, ne peuvent pas subsister sur la même tête, ce qui entraîne, par voie de confusion, l'extinction de l'obligation accessoire, de celle du fidéjusseur. Cela n'est vrai qu'autant que l'obligation du débiteur principal se trouve être plus avantageuse. Ainsi, par exemple, si le débiteur principal n'était obligé que naturellement, le fidéjusseur resterait tenu comme tel, car sans cela le créancier se trouverait perdre son action.

La loi 21, § 2, *De fidej*, nous offre une application de cette règle. Africain, dans cette loi, remarque en effet qu'un esclave obligé naturellement ne pourrait pas, une fois affranchi, cautionner sa propre obligation naturelle, mais il ajoute que si le fidéjusseur qui l'a cautionné vient à mourir en l'instituant son héritier, l'obligation civile de ce fidéjusseur et sa propre obligation naturelle pourront subsister l'une et l'autre en sa personne. Cette persistance de l'obligation naturelle à côté de l'obligation civile n'est pas sans utilité, fait observer le jurisconsulte; car si l'obligation civile, *ex fidejussoria causa* venait à s'éteindre, le payement que ferait l'affranchi ne lui donnerait pas le droit de répétition, puisqu'il était toujours tenu naturellement.

Le fidéjusseur qui succède au débiteur principal n'est pas libéré de l'obligation *ex fidejussoria causa* si l'obligation principale était naturelle ; mais l'obligation fidéjussoire sera éteinte si l'obligation principale est civile, alors même que le débiteur principal aurait un moyen de défense propre et personnel, comme celui de la restitution en entier pour cause de minorité. C'est ce que décide le § 3 de la loi 95, *De solut.* Ainsi, le secours éventuel et incertain de la *restitutio in integrum* n'empêche pas l'obligation principale du mineur emprunteur d'être pleine et efficace, et partant, d'éteindre par confusion l'obligation fidéjussoire lorsque les deux obligations se réunissent sur la même tête. Le fidéjusseur sera donc seulement tenu de l'obligation principale du chef du mineur et pourra invoquer la restitution en entier. Mais pour arriver à ce résultat, pour priver le créancier de la garantie que le cautionnement devait lui donner, il faut supposer, comme le fait d'ailleurs notre loi, que le fidéjusseur est intervenu : *sine contemplatione juris prætorii*, c'est-à-dire sans intention de garantir le créancier contre le danger de la *restitutio in integrum* ; si, au contraire, le fidéjusseur est intervenu dans le but de garantir le créancier contre le risque que lui faisait courir l'âge du débiteur, s'il est intervenu *contemplatione juris prætorii*, et que la *restitutio in integrum* vienne enlever son efficacité à l'obligation principale, il est juste que le créancier soit lui-même restitué contre l'inconvénient de la confusion que lui a enlevée son action contre le fidéjusseur.

Rappelons, pour terminer, que l'obligation du *sponsor* et du *fidepromissor* finissait avec leur vie et même, depuis la loi Furia, s'éteignait de plein droit du vivant des obligés par le laps de deux années : « per legem Furiam biennio liberantur. » Gaius III, 121.

DROIT FRANÇAIS.

DU CAUTIONNEMENT.

Le cautionnement est un contrat par lequel « on se soumet envers un créancier à satisfaire à l'obligation du débiteur si celui-ci n'y satisfait pas lui-même » (C. civ. art. 2011.)

La personne qui s'engage pour le débiteur s'appelle *caution* et le contrat d'où résulte son engagement *cautionnement*. Ces mots ont certainement pour étymologie le mot latin *cavere*, qui signifie se garder, s'assurer, d'où *cautio*, garantie, sûreté.

Le cautionnement dont nous nous occupons, constitue une sûreté personnelle; il se distingue par là du gage de l'hypothèque et du privilége qui suit des sûretés réelles. Il se distingue par là aussi de la sûreté que certains fonctionnaires publics sont tenus de fournir à leur entrée en fonctions et qui cependant, porte en pratique, le nom de *cautionnement*, quoiqu'en réalité cette sûreté soit, suivant les cas, un gage ou un privilége.

Nous diviserons notre matière en trois chapitres. Dans le premier, nous traiterons de la nature et de l'étendue du cautionnement et des qualités que doit réunir la caution; dans le second, des effets du cautionnement, et dans le troisième, de l'extinction du cautionnement.

CHAPITRE Ier.

DE LA NATURE ET DE L'ÉTENDUE DU CAUTIONNEMENT DES QUALITÉS QUE DOIT RÉUNIR LA CAUTION.

Le cautionnement est l'accession du fidéjusseur à l'obligation d'un tiers ; il n'est donc qu'un contrat accessoire se rattachant nécessairement à une obligation principale. Le cautionnement exclut donc toute idée de novation de l'obligation cautionnée. Si, par exemple, il était convenu qu'un débiteur se trouverait libéré par l'effet d'un nouvel engagement contracté envers le créancier par une tierce personne, cette convention constituerait évidemment, non point un cautionnement, mais bien une obligation nouvelle, c'est-à-dire une novation (art. 1271, 2°), il ne faut pas confondre le cautionnement avec l'engagement de celui qui se porte fort. La caution promet qu'une obligation déjà existante sera exécutée par le débiteur et s'engage à l'exécuter elle-même si le débiteur ne le fait pas. Celui qui se porte fort promet qu'un tiers s'obligera à donner, faire ou ne pas faire quelque chose, s'engageant lui-même à payer des dommages-intérêts s'il ne procure pas l'engagement du tiers, mais son obligation est remplie dès que le tiers a consenti à s'engager envers le créancier ; ajoutons que le porte-fort n'a pas, comme la caution, le bénéfice de discussion, il n'a pas non plus de recours contre le tiers pour lequel il s'est engagé quand celui-ci refuse de ratifier l'engagement, tandis que la caution a toujours, quand elle a payé, un recours contre le débiteur principal.

Pour bien saisir la nature du contrat de cautionnement, il importe de l'étudier dans chacun de ses caractères fondamentaux, qui sont au nombre de quatre :

I. Le cautionnement est un contrat de bienfaisance. Ce n'est pas vis-à-vis du créancier, mais vis-à-vis du débiteur que ce contrat a ce caractère et peu importe que celui qui reçoit le bienfait soit étranger au contrat : la cause de l'engagement de la caution, c'est la volonté de venir en aide au débiteur cautionné ; cela suffit pour donner au cautionnement le caractère de contrat de bienfaisance. D'ailleurs, le contrat de cautionnement subsiste avec son caractère entre le créancier et la caution, encore que celle-ci ait exigé du débiteur une rémunération en échange du service qu'il lui rend. Dans ce cas, il y aura entre débiteur et caution un contrat synallagmatique soit de louage de services, soit d'échange de services qui précédera le contrat unilatéral du cautionnement. Cela revient à dire que la gratuité est de la nature et non de l'essence du cautionnement. Si maintenant nous modifions l'espèce, et si nous supposons que c'est le créancier qui promet une prime, une rémunération à la caution, il y aura cautionnement si l'indemnité est légère et hors de proportion avec le risque; que si, au contraire, elle est l'équivalent à peu près du risque, ce sera un contrat d'assurance de solvabilité. Ce contrat est fréquent dans le commerce, où il prend le nom de *du croire*, qui vient du mot Italien « del credere, » donné dans les républiques italiennes, où cette convention se développa dès le moyen âge. Considéré au point de vue du débiteur, le contrat qui nous occupe est de bienfaisance, mais non une donation, car la caution, si elle paye, entend rester créancière; et d'ailleurs elle ne se dépouille pas actuellement et irrévocablement, condition essentielle pour l'existence d'une donation.

II. Le contrat de cautionnement est unilatéral. La caution s'engage sans que le créancier prenne envers elle un engagement quelconque. Par conséquent l'acte qui a été redigé pour prouver le cautionnement ne sera point assujetti aux conditions rigoureuses de l'art. 1325; il sera valable quoique rédigé en un seul original.

Si l'art. 1325 n'est pas applicable au cautionnement, il faut appliquer l'art. 1326 dans le cas où l'objet de la dette est une somme d'argent ou une chose appréciable ; et, par conséquent, un acte de cautionnement fait sous signature privée doit être écrit en entier de la main de la caution, ou tout au moins doit être signé par elle et revêtu d'un *bon* ou un *approuvé*, portant en toutes lettres la somme ou la quantité de la chose.

C'est un point aujourd'hui constant en doctrine et en jurisprudence.

III. Le cautionnement engendre une obligation personnelle. Il faut donc que la caution s'oblige personnellement envers le créancier, et c'est par là que le cautionnement diffère de l'hypothèque, qui ne confère qu'une garantie réelle au créancier. Mais on ne doit pas conclure, de ce qui précède, que les engagements de la caution ne passent pas à ses héritiers. L'art. 2017 condamne formellement cette conclusion.

IV. Le cautionnement est un contract accessoire et subsidiaire. C'est là son caractère dominant. Mais il ne faudrait pas conclure des mots de l'art. 2011 « si le débiteur n'y satisfait pas lui-même, » que le cautionnement n'oblige que sous condition ; ce serait là une erreur ; le sens naturel de ces mots est que, lorsque le débiteur paie, la caution est libérée. Ajoutons que les mots de notre article font peut-être allusion au bénéfice de discussion, dont nous nous occuperons plus tard.

L'art. 2012 tire une conséquence du caractère accessoire du cautionnement. Cette conséquence, c'est que l'existence du contrat demande une obligation principale valable. Peu importe que cette obligation soit de donner, de faire ou de prêter ; peu importe même que cette obligation soit ou non principale ; ainsi, l'obligation de la caution peut servir de base à un cautionnement subsidiaire très-valable (art. 2014). La caution qui en cautionne ainsi une autre, s'appelle certificateur de caution. Que décider si l'obligation qu'il s'agit de cautionner est future? La caution intervient-elle valablement? Oui ; ainsi l'on peut cautionner une ouverture de crédit. Si l'obligation ne prend pas naissance, il n'y aura pas de cautionnement ; mais si l'obligation prend naissance, le cautionnement sera valable dès l'origine et transmissible aux héritiers de la caution si elle vient à mourir.

En résumé, toute obligation peut être cautionnée.

Quels qu'en soient l'objet et le but, qu'elle soit pure et simple ou conditionnelle, présente ou future, l'obligation peut servir de base au cautionnement. Mais si toute obligation peut être cautionnée, il faut, comme le dit expressément l'art. 2012, qu'elle soit, valable. On ne pourrait pas cautionner une obligation radicalement nulle, soit parce qu'elle est contraire à la loi ou aux bonnes mœurs, soit parce qu'elle est sans objet ou sans cause. Le cautionnement serait nul lui-même, comme l'obligation principale, faute de base ou de cause légale. Mais à côté de nullités absolues, il y a les nullités relatives. Ces dernières laissent à l'obligation une certaine existence : elles la rendent seulement annulable. Une obligation affectée d'une nullité de cette espèce peut être cautionnée, et c'est à cela que se réfère le second alinéa de l'art. 1012, lorsqu'il dit : « qu'on peut néanmoins cautionner une obligation encore qu'elle pût être annulée par une exception purement personnelle à l'obligé : par exemple, en cas de minorité. » Plaçons-nous dans l'hypothèse même de la loi, un mineur a emprunté une certaine somme d'argent sans se soumettre aux formalités de l'art. 457 ; une caution est intervenue pour garantir cet emprunt.

Ab initio, il n'est pas douteux que le cautionnement soit régulier, parce que l'obligation du mineur n'est pas une obligation inexistante; mais seulement annulable. La difficulté ne peut exister qu'en supposant que le mineur a fait prononcer la nullité de son engagement. Dans ce cas, que devient le cautionnement ? Nous croyons qu'il y a là une question de fait à résoudre, c'est celle de savoir ce que la caution a entendu faire en s'engageant. N'a-t-elle voulu garantir le créancier que contre l'insolvabilité du débiteur? Ce dernier n'étant plus obligé, le cautionnement s'évanouit. Si, au contraire, elle a entendu garantir le créancier contre les chances de nullité, le cautionnement subsiste. Remarquons toutefois que la présomption est que la caution a entendu garantir contre les chances de la nullité ; c'est à elle à prouver le contraire. Les décisions que nous venons de donner pour le cas d'obligation d'un mineur doivent être étendues à l'interdit, à la femme mariée, et généralement à toute personne à qui certains contrats sont défendus par la loi (C. Nap. 1124). En effet, l'art. 2012 ne parle de la minorité qu'à titre d'exemple.

Sortons maintenant de l'hypothèse de notre article, et, au lieu de supposer une nullité pour incapacité, supposons que l'obligation est entachée d'une nullité résultant de ce que le consentement a été donné par erreur, surpris par dol, ou arraché par violence. Ici encore nous disons qu'en principe le cautionnement d'une pareille obligation est valable. En effet, nous sommes en présence d'une obligation simplement annulable, d'une obligation qui existe, qui est provisoirement valable ; et si cette obligation est l'objet d'une ratification expresse ou tacite, en d'autres termes si la nullité n'est pas prononcée, le cautionnement est valable. Mais que décider si la rescision est prononcée ? Nous n'hésitons pas à dire que l'obligation principale tombant, la caution tombe par là même. Car nous ne sommes plus dans l'hypothèse de l'art. 2012, nous ne sommes plus dans un cas d'exception purement personnelle.

Lorsque nous disions que, dans le cas où la nullité résultant de l'incapacité était prononcée, le cautionnement pouvait, selon les cas, subsister, nous étions autorisés à le faire, car, malgré la nullité, il continue à exister à la charge de l'obligé une obligation naturelle; au contraire, lorsqu'une obligation est entachée d'erreur, dol ou violence et que la nullité est prononcée, aucune obligation ne subsiste, pas même une obligation naturelle.

Ceci nous amène à préciser une seconde restriction à la règle formulée par le 1er alinéa de l'art. 2012. Lorsque cet article dit que le cautionnement ne peut pas se baser sur un engagement non valable, il veut parler d'un engagement qui n'est pas civilement obligatoire. L'engagement obligatoire naturellement, en d'autres termes, l'obligation naturelle, peut donc servir de base à un cautionnement, car une telle obligation n'est pas nulle, complétement, mais produit certains effets civils; notamment elle ne permet pas la répétition de ce qui a été volontairement payé (art. 1235). La possibilité de cautionner une obligation naturelle est un point traditionnel dont nous avons vu formuler le principe en droit romain.

Mais qu'entend-on sous l'empire du Code par obligation naturelle? Le Code ne donne pas la définition de cette obligation; il faut donc se reporter à l'ancien droit, à Pothier, le guide habituel des rédacteurs du Code; il faut voir dans quels cas, d'après ce jurisconsulte, il y avait obligation naturelle et si nous ne trouvons pas que le Code ait innové, il faut reproduire l'ancienne énumération. D'après Pothier, sont obligations naturelles : 1° celles pour lesquelles la loi dénie l'action, par rapport à la défaveur de la cause d'où elles procèdent ; 2° celles qui naissent des contrats des personnes, qui, ayant un jugement et un discernement suffisant pour contracter, sont néanmoins, par la loi civile, inhabiles à contracter; 3° une obligation civile, lorsque le débiteur a acquis contre l'action qui en résulte quelque fin de non-recevoir, par exemple par l'autorité de la chose jugée.

Voilà les trois catégories d'obligations naturelles, d'après Pothier. Qu'allons-nous placer dans chacune de ces catégories? Dans la première catégorie, il faut placer la donation et le legs nuls pour vice de forme. Si les héritiers les acquittent, cela veut dire que les héritiers ont reconnu que la volonté de leur auteur était libre et éclairée (art. 1340 C. Nap.). Dans la seconde catégorie il faut faire rentrer les obligations des mineurs, des interdits, des femmes mariées. Si ces personnes, devenues capables, reconnaissent que la présomption légale se trouvait fausse à leur égard, elles paient valablement. Comme exemples rentrant dans la troisième catégorie, nous pouvons reproduire ceux donnés par Pothier. L'autorité de la chose jugée, comme le serment décisoire, laisse subsister une obligation naturelle ; le débiteur qui paie ne fait pas une donation, mais se libère de cette obligation. Les trois catégories d'obligations que nous venons de parcourir sont dominées par cette idée que les présomptions générales de la loi se trouvent fausses dans certains cas particuliers. Nous nous arrêterons aux trois catégories qui précèdent notre énumération, et nous rejetons l'avis de quelques interprètes qui disent que lorsqu'une personne exécute un devoir, que la conscience publique considère comme un devoir strict, elle ne fait qu'acquitter une dette naturelle. Suivre cet avis, c'est confondre avec les obligations naturelles les simples devoirs moraux ou de conscience. C'est énerver la distinction que le législateur fait entre les actes à titre onéreux et les actes à titre gratuit ; c'est enfin donner un moyen très-facile d'éluder les formes protectrices des donations.

Après avoir donné une idée générale des obligations naturelles, demandons-nous si une dette de jeu peut être cautionnée ? Des auteurs admettent que cette dette est naturelle et peut servir de base à un cautionnement (Marcadé, art. 1235, t. IV, n° 669). D'autres soutiennent, au contraire, que l'obligation contractée pour dette de jeu ou de pari n'a aucune valeur en justice, puisqu'elle est destituée de toute action par la loi et que, dès lors, le cautionnement ne peut pas la soutenir (Ponsot, n° 46 et 73 ; Troplong, n° 85).

Après avoir exposé ce qui a trait à la nature et aux caractères du cautionnement, arrivons, avec l'art. 2013, à l'étendue du cautionnement. Cette matière se rattache à ce qui précède, et le principe qui la régit n'est qu'une conséquence et comme un nouveau corollaire de la règle que le cautionnement est un contrat accessoire.

Le principe, le voici : la limite naturelle de l'obligation du fidéjusseur est dans l'obligation principale, car l'obligation du fidéjusseur n'est que l'obligation même du débiteur principal étendue jusqu'à lui. Mais si l'obligation accessoire ne peut pas dépasser l'obligation principale, elle pourra ne pas atteindre la mesure de celle-ci, car la partie est comprise dans le tout, et, partant, lors même que le fidéjusseur n'accepte l'obligation que partiellement, il adhère toujours à ce que doit le débiteur.

Avant d'examiner les deux propositions qui précèdent, posons en principe que la caution ne peut s'obliger à autre chose que le débiteur principal, car sans cela l'essence du cautionnement manquerait ; ce ne serait plus l'obligation du débiteur principal étendue à la caution. Ainsi, Paul a prêté dix à Pierre ; Jacques s'est obligé comme caution à payer à Paul dix mesures de froment. Le cautionnement n'est pas valable, car le fidéjusseur ne peut s'obliger à payer une chose différente de celle qui est due par le débiteur principal. Mais si nous supposons au contraire que Paul a prêté dix mesures de blé à Pierre et que Jacques s'oblige comme caution à payer dix à Paul, le cautionnement est-il valable? Les juriconsultes romains, et après eux Pothier, soutiennent l'affirmative, car on estime les choses marchandes par de l'argent. Nous admettrons cette opinion encore aujourd'hui, tout en faisant des réserves. D'une part, il faudrait qu'il fût hors de doute que la somme d'argent a été promise par la caution pour tenir lieu du blé, dont cette somme serait réellement le prix ou la valeur représentative lors de l'engagement. D'une autre part, nous dirions que si le prix de blé était à un taux plus élevé au jour de l'exigibilité, la caution se libérerait en payant les dix que le blé valait à la date du contrat, puisqu'elle avait promis cela seulement, et au contraire, que si le taux avait baissé, la caution se libérerait en payant ce que le blé vaut réellement, puisque l'obligé principal n'en doit pas davantage.

Quittons maintenant ce principe qui est tacitement contenu dans l'art. 2013, et dont on pourrait présenter de curieuses applications, et occupons-nous des propositions contenues expressément dans notre article. L'obligation de la caution ne peut pas être plus étendue que celle du débiteur principal, mais elle peut être moindre.

Ainsi, en supposant une dette de 2,000 fr., la caution ne pourrait pas s'obliger pour 2,500 fr., mais elle pourrait parfaitement ne s'engager que pour 1,500 fr. Ainsi, supposons encore que, la dette n'étant pas liquidée, la caution s'oblige pour 1,500 fr. Si, la liquidation faite, il résulte que la dette est de 1,000 fr., la caution ne sera tenue que de 1,000 fr., car l'obligation accessoire ne peut pas dépasser la principale ; si, au contraire, il résulte que la dette est de 2,000 fr., la caution ne sera tenue que de 1,500 fr., car l'obligation accessoire peut être moindre que la principale. Même décision doit être donnée, si nous supposons que l'obligation accessoire est plus grande ou moindre, non plus en quantité, mais en qualité.

Notre art. 2013 ne se borne pas là ; après avoir dit que l'obligation accessoire ne peut excéder ce qui est dû par le débiteur principal, mais qu'elle peut être moindre (ce qui se rapporte à la qualité et à la quantité), il ajoute que le cautionnement ne peut pas être contracté sous des conditions plus onéreuses que l'obligation principale, mais qu'il peut l'être sous des conditions moins onéreuses. Que veut-il dire et quelles sont les circonstances qui, en laissant de côté l'objet dont nous venons de parler, sont susceptibles d'étendre ou de restreindre l'obligation ?

Ce sont, comme d'ailleurs nous l'avons vu en détail dans la partie romaine de cette thèse, le temps, le lieu, les modalités. Ainsi une obligation pure et simple peut être garantie par un cautionnement à terme ; mais si une obligation à terme est garantie par un cautionnement pur et simple, la caution ne pourra pas être obligée d'y satisfaire.

Le lieu de payement est aussi à considérer pour apprécier l'étendue d'une obligation.

Ainsi une dette est payable à Paris, la caution ne peut pas, s'y fût-elle engagée, être obligée de payer à Marseille. Sans doute elle pourra payer si elle le préfère dans cette dernière ville, mais elle sera libre de payer à Paris, si cela lui plaît, malgré toute stipulation contraire. A l'inverse, la caution pourra toujours stipuler utilement pour elle un lieu de payement autre que le lieu déterminé par l'obligation principale, si le payement devient ainsi moins onéreux. Enfin, pour apprécier l'obligation dans son étendue, il faut tenir compte des modalités. Ainsi supposez que le débiteur s'engage à payer tant, si tel vaisseau arrive dans un an; l'obligation du fidéjusseur sera plus étendue, s'il s'oblige à payer si le vaisseau arrive dans deux ans, et moins étendue s'il s'oblige à payer si le vaisseau arrive dans huit jours. Nous n'insistons pas davantage sur ces différents points; nous renvoyons au droit romain, où nous nous en sommes occupés plus longuement. Quand nous disons que la caution ne peut s'obliger sous des conditions plus onéreuses que le débiteur principal, rien ne s'oppose à ce que, au point de vue du lien du droit et des moyens d'exécution mis par la loi à la disposition du créancier, la caution soit tenue avec plus de rigueur que le débiteur principal. C'est là l'opinion unanime des anciens auteurs et rien ne nous autorise à penser que les rédacteurs du Code l'aient abandonnée. Ainsi si le débiteur est tenu d'une obligation purement personnelle, la caution peut parfaitement donner un gage ou une hypothèque.

Cette sûreté réelle n'augmente en rien l'étendue de l'obligation, elle ne fait pas que le créancier de 1,000 puisse, par exemple, recevoir de la caution 1,050.

Elle n'est qu'une sûreté accessoire et non une aggravation de ce qui est dû.

Un point nous reste à préciser, nous avons à dire quel est le sort du cautionnement lorsqu'il excède ce qui est dû par le débiteur principal ou lorsqu'il est contracté sous des conditions plus onéreuses. Nous avons déjà vu comment les Romains résolvaient cette question, nous avons vu comment, entraînés par un formalisme exagéré, au lieu de réduire l'obligation excessive de la caution, ils l'annulaient complétement. Dans notre ancien droit on s'était écarté de cette doctrine rigoureuse et peu equitable et on réduisait l'obligation excessive du fidéjusseur à la mesure de l'obligation principale. C'est ce que firent les rédacteurs du Code en décidant que le cautionnement est réductible à la mesure de l'obligation principale (art. 2013, 3e al.).

Nous venons de voir quelle est l'étendue du cautionnement eu égard à la nature du contrat, et nous l'avons fixée en nous attachant au caractère dominant du cautionnement, à son caractère de contrat accessoire; demandons-nous maintenant si de ce caractère il ne doit pas s'ensuivre que les parties qui ont figuré dans le contrat principal, doivent aussi concourir à la formation du contrat de cautionnement pour qu'il soit valable. Nullement; nous avons déjà vu que les mineurs, les interdits, les femmes mariées non autorisées à contracter par leur mari ou par justice, pouvaient être cautionnés, bien qu'ils ne pussent valablement s'obliger; ce qui suppose évidemment que leur concours n'est pas nécessaire pour la validité de notre contrat, car s'il était nécessaire, leur incapacité vicierait le cautionnement. Le contrat de cautionnement crée une obligation nouvelle bien qu'accessoire, et il la crée entre d'autres parties que celles qui ont consenti l'obligation principale. Ainsi, l'on peut cautionner un débiteur présent ou absent; on peut le cautionner sans son ordre, ou bien à son insu (art. 2014), ou même malgré lui. On peut aussi se rendre caution, non-seulement du débiteur principal, mais encore de celui qui l'a cautionné (art. 2014, 2e al.). Mais dans toutes ces hypothèses, le cautionnement ne se présume pas, il doit être exprès (art. 2015). Il ne faut pas conclure de là, comme quelques personnes l'ont fait, qu'il doit toujours être renfermé dans un acte écrit. Le cautionnement n'est pas assujetti à des formes particulières. Ce n'est pas un contrat solennel, et il reste soumis quant à la preuve au droit commun, seulement le législateur, tenant compte des conséquences graves et quelquefois désastreuses que notre contrat entraîne pour la caution, ne permet pas de le supposer facilement, et ordonne au juge de n'être pas trop facile à interpréter dans le sens d'un cautionnement des paroles douteuses et des faits d'intervention qui n'ont que le caractère d'une simple recommandation.

Lorsque la qualité de caution est reconnue exister, il y a encore une question importante à résoudre : quelle est l'étendue que les parties ont entendu donner au cautionnement? Pour déterminer cette étendue, il faudra distinguer si la caution a limité elle-même son obligation, ou bien si elle s'est engagée en termes généraux. Dans le premier cas, le cautionnement est limité, et par conséquent ne doit pas être étendu au-delà des limites dans lesquelles il a été contracté (art. 2015).

Supposons maintenant que le cautionnement est indéfini, c'est-à-dire qu'il a été contracté *in universam causam*, que rien dans le contrat ne le restreint d'une manière expresse ou tacite. Dans ce cas, l'art. 2016 veut d'abord qu'il s'étende à tous les accessoires de la dette. Ainsi la caution sera responsable des dommages et intérêts, de toutes les indemnités pour faute, mauvaise administration, etc. Le même article décide ensuite qu'il s'étend « aux frais de la première demande et à tous ceux postérieurs à la dénonciation qui en est faite à la caution. » Cette seconde partie de l'article ne concorde pas trop avec la première; en effet, pour être conséquent, le législateur aurait dû dire que la caution est responsable de tous les frais que le créancier a été obligé de faire afin d'obtenir son payement, car ces frais sont en quelque sorte des accessoires de l'obligation. Néanmoins, pour empêcher que la caution ne soit ruinée par des frais faits à son insu et qu'elle aurait pu éviter en payant, il a admis un tempérament déjà reçu dans l'ancienne jurisprudence.

Remarquons du reste que, quelque étendu que soit le cautionnement, il ne s'étend pas aux obligations qui pèseraient sur le débiteur pour une cause étrangère au contrat. La loi 54 au Digeste *De fidejuss.*, donne un exemple de cette règle. Je vous prête de l'argent, et vous me donnez en gage un esclave que vous savez voleur, et qui me vole des sommes importantes. Titius a cautionné ce prêt. Sera-t-il tenu du dommage que l'esclave m'a causé par votre faute? Non, ce qui a été cautionné, c'est le prêt et non le gage. Le dommage provient ici d'une cause étrangère à l'obligation cautionnée.

Que le cautionnement soit limité ou indéfini, les engagements de la caution passent à ses héritiers. C'est ce que décide l'art. 2017. On aurait facilement suppléé à la disposition de cet article ; car c'est une règle générale que les obligations se transmettent à l'héritier de l'obligé. Mais comme quelques anciennes coutumes considéraient l'obligation du fidéjusseur par imitation de celle du *sponsor* et du *fidepromissor,* comme persônnelle et non transmissible, le législateur, pour lever tout scrupule, a cru bien faire de s'expliquer formellement.

Examinons maintenant les conditions requises pour la régularité du cautionnement. Lorsque le débiteur fournit au créancier une caution sans y être préalablement obligé, la loi n'a pas à s'occuper des qualités que doit avoir cette caution. Il appartient alors au créancier de pourvoir comme il l'entend à sa propre sûreté. Mais si nous supposons que le débiteur soit obligé de fournir caution, il n'en est plus de même. Le législateur intervient alors, et, pour éviter des abus, il précise les qualités que doit réunir la caution présentée par le débiteur, en exécution de son engagement. L'indication de ces qualités se trouve dans les art. 2018 et 2019. Avant de nous occuper de l'analyse de ces articles, voyons dans quelles circonstances un débiteur peut se trouver obligé de donner caution. L'obligation du débiteur à cet égard peut procéder de diverses causes. Elle peut dériver d'une convention, être imposée par la loi ou résulter d'une condamnation.

De là une division des cautions en trois espèces : conventionnelles, légales et judiciaires. La loi oblige dans nombre de cas les débiteurs à donner caution. Ainsi les envoyés en possession provisoire des biens d'un absent doivent donner caution pour la sûreté de leur administration (C. civ., art. 120). L'art. 601 dispose que l'usufritier, non dispensé par l'acte constitutif de l'usufruit, est obligé de fournir caution. D'autres exemples de cautionnement légal nous sont fournis par les articles 16, 1518, 1613, 1653 C. civ. — Quant aux cautions judiciaires, c'est-à-dire celles données en vertu d'un ordre du juge qui, de son autorité, impose à l'un des plaideurs l'obligation de fournir cette sûreté, nous en trouvons des exemples dans les art. 135, 155, 417, etc., Cod. pr. Mais que le cautionnement soit légal, conventionnel ou judiciaire, les règles contenues dans les art. 2018 et 2019 s'appliqueront sans distinction aucune.

Mais, à d'autres égards, la distinction entre les trois espèces de caution est importante à faire : la caution judiciaire ne jouit pas du bénéfice de discussion (2041 et 2043). La même disposition s'étend au certificateur de la caution judiciaire qui ne peut demander ni la discussion du débiteur principal ni celle de la caution. — Avant la loi du 22 juillet 1867, outre les qualités des cautions conventionnelles, la caution judiciaire devait être capable de se soumettre à la contrainte par corps. — D'un autre côté, la caution judiciaire et la caution légale prises ensemble diffèrent de la caution conventionnelle, en ce que celui qui est obligé de fournir une des deux premières peut la remplacer par un gage (2041), tandis que la caution conventionnelle ne peut être remplacée par un gage qu'autant que le créancier y consent.

Examinons donc quelles sont les qualités requises dans la caution offerte au créancier pour que celui-ci ne puisse pas la récuser. Ces qualités se rapportent à la capacité, au domicile, à la solvabilité.

De la capacité de la caution. — Toute personne capable de s'obliger est par cela même capable d'être caution, car le Code Napoléon n'a reproduit aucune des incapacités spéciales qui avaient été en vigueur soit dans le droit romain, soit dans l'ancien droit français. Nous savons qu'en droit romain, aux termes du senatus-consulte Velléien, le droit d'*intercedere* était enlevé aux femmes.

Lincapacité des femmes écartée, nous rentrons dans le droit commun, et l'on ne trouve en matière de cautionnement que les incapacités ordinaires. Il est inutile de les énumérer.

Du domicile de la caution. — Le débiteur obligé de fournir caution doit en présenter une qui ait son domicile dans le ressort de la Cour d'appel où elle doit être donnée (art. 2018).

Cette condition est requise dans l'intérêt du

créancier, car si, le cas échéant où le débiteur viendrait à ne pas satisfaire à son engagement, il était obligé d'aller chercher la caution à de trop grandes distances, il serait exposé à retirer bien peu de profit du caútionnement.

Mais où la caution doit-elle être donnée? C'est une question que la loi laisse incertaine et qui ne peut être résolue que par des distinctions.

1° Si les parties sont convenues que la caution sera donnée dans tel lieu désigné, aucune difficulté n'est possible. Cette caution devra être domiciliée dans le ressort de la Cour dont dépend le lieu convenu.

2° Mais si le contrat est muet sur ce point, où la caution devra-t-elle être donnée, que décider? Est-ce au domicile du débiteur, ou à celui du créancier que la caution doit être donnée? Sur ce point il y a controverse entre les auteurs. Nous croyons que la loi étant muette, il faut appliquer les règles générales sur le payement et dire, conformément à l'art. 1247, que la caution doit être fournie dans le ressort de la Cour où le débiteur est lui-même domicilié.

3° Quand le cautionnement a lieu en vertu d'une disposition de la loi, quelques auteurs, sans aller jusqu'à penser que le débiteur ait le droit de fournir caution à son domicile, disent du moins que s'il ne peut en trouver au domicile du créancier, le tribunal devra lui permettre d'en donner une à son propre domicile, car on ne peut lui opposer aucun pacte par lequel il serait virtuellement soumis à donner caution ailleurs.

Nous croyons, quant à nous, que dans cette hypothèse comme dans la précédente le débiteur a le droit absolu de donner caution à son domicile. Et cela même lorsqu'il s'agit de la caution à donner par le légataire d'un usufruit. L'art. 59 (Code de proc.) reconnaît, il est vrai, la compétence du tribunal où s'ouvre la succession pour les difficultés soulevées par le testament, mais il est étranger à la question de savoir où doivent être données les cautions usufructuaires.

Notons pourtant une hypothèse où la loi donne une décision particulière. On le sait, l'héritier qui accepte une succession sous bénéfice d'inventaire doit donner caution, si les créanciers ou autres intéressés l'exigent (art. 807). Où la donnera-t-il ? C'est l'art 993 C. pr. qui répond : au lieu où la succession s'est ouverte.

Quant aux cautions judiciaires, le lieu où elles doivent être données sera désigné par le juge, et sera en général celui où siége le tribunal.

Observons du reste que la caution qui n'est pas domiciliée dans le ressort où elle devait l'être, peut très-bien y élire un domicile particulier, car cette élection garantit suffisamment l'intérêt du créancier. Que si, d'abord domiciliée comme le veut la loi, elle venait ensuite à changer de domicile, le créancier pourrait-il la forcer à faire une élection dans le ressort où elle habitait d'abord? Quelques auteurs le pensent; nous ne partageons pas leur avis; il ne nous semble pas possible d'exiger de la caution ce qu'on ne pourrait certainement pas exiger du débiteur principal Nous croirions plutôt que le créancier, ne trouvant plus dans la caution les garanties déterminées par la loi, puiserait dans l'art. 2020 le droit d'exiger que le débiteur fournit une nouvelle caution.

De la solvabilité de la caution. — L'art. 2018 dit qu'une des conditions que doit réunir la caution, c'est d'avoir « un bien suffisant pour répondre de l'objet de l'obligation. » Si le Code s'était borné là, la question de savoir si la caution est solvable ou non appartiendrait complètement à l'appréciation des tribunaux. Mais, l'art. 2019 est venu restreindre considérablement leur pouvoir. Cet article est ainsi conçu : « La solvabilité d'une caution ne s'estime qu'eu égard à ses propriétés foncières, excepté en matière de commerce ou lorsque la dette est modique. » La loi prévoit deux hypothèses, celle où il s'agit de dettes civiles d'une certaine importance, celle où la dette est modique ou commerciale. Elle règle la solvabilité requise pour la caution qui garantit une dette de la première espèce, elle ne dit rien sur la solvabilité de celle qui vient garantir une dette modique ou commerciale. Lors donc que la dette à cautionner est commerciale, il ne faut pas s'attacher à la fortune foncière de la caution pour savoir si elle est solvable. Cela exigerait des vérifications incompatibles avec la rapidité indispensable aux affaires commerciales. La solvabilité de la caution s'appréciera uniquement d'après le crédit dont elle jouit. Mais que doit-on entendre par dette commerciale? Faut-il, pour décider si la dette est commerciale, s'attacher à l'objet de l'obligation principale, ou bien faut-il dire que la dette est commerciale même au cas où la matière serait commerciale seulement d'après la qualité de la personne offerte pour caution? La première opinion nous paraît devoir être admise en présence des mots de notre art. 2019 : « en matière de commerce, » qui nous obligent à nous référer aux règles des art. 632 et 633 du C. de comm. Quant à la solvabilité de la caution qui intervient pour garantir une dette modique, c'est aux tribunaux de l'apprécier, c'est à eux qu'est réservée encore la question de savoir si la dette est ou n'est pas modique.

Arrivons à l'hypothèse sur laquelle notre article s'est expliqué, au cas où il s'agit d'une caution qui garantit une dette civile d'une certaine importance. Comment s'estime la solvabilité d'une pareille caution? Uniquement sur ses propriétés foncières. Cette règle, que les rédacteurs du Code ont empruntée à l'ancien droit, n'est plus en harmonie avec l'état actuel des fortunes. Déclarer insolvable toute personne qui n'a pas de propriété foncière, c'est ne pas tenir compte de l'immense développement qu'a pris la fortune mobilière, et il n'est pas permis de douter que si le Code était soumis à une révision, on n'admît le débiteur à établir la solvabilité de la caution par des titres de rente, d'actions ou d'obligations dont la caution aurait la propriété. Quoi qu'il en soit, la règle existe, ce vestige des anciens temps est reproduit en termes exprès par notre article ; il faut s'y tenir, et, en fidèle interprète de la loi, nous sommes forcés de ne pas faire figurer comme base de notre calcul, même les actions immobilisées, par exemple celles de la Banque de France. La loi ne s'est pas bornée là. Le second alinéa de notre article apporte une nouvelle restriction au pouvoir d'appréciation du juge.

« On n'a point égard aux immeubles litigieux, ou dont la discussion deviendrait trop difficile par l'éloignement de leur situation. » Telle est sa disposition. Il faut que les biens possédés par la caution ne soient point litigieux ; car des biens litigieux sont incertains dans la main du possesseur, qui peut s'en trouver dépouillé un jour ou l'autre. Mais quand les biens seront-ils réputés litigieux? Faut-il, par application de l'art. 1700, dire que le bien a ce caractère dès qu'il y a procès commencé? Nous ne le pensons pas. L'art. 1700 n'est relatif qu'au retrait litigieux, et son application à notre matière permettrait d'entraver facilement le débiteur dans l'accomplissement de sa promesse ; il suffirait d'intenter à la caution présentée un procès sans fondement. Ecartons donc l'art. 1700 et disons que pour qu'un bien soit litigieux dans le sens de l'art. 2019, il faut que la caution n'ait sur ce bien qu'un droit contestable, point qui est forcément laissé à l'appréciation du juge.

En prenant l'art. 2019 dans le sens que nous venons de préciser, il ne faut pas tenir compte non plus des immeubles dont la propriété serait résoluble entre les mains de la caution offerte : ainsi, par exemple, on ne tiendra pas compte d'un immeuble dont l'acheteur n'aurait pas acquitté le prix, ou bien d'un immeuble dont la caution est simplement usufruitière, l'usufruit étant, selon l'expression de Proud'hon, « une propriété essentiellement temporaire, toujours incertaine dans sa durée, et par conséquent dans sa valeur. » (Proud'hon, *De l'usufruit*, n° 17 et 18.)

Il faut de plus, avons-nous dit, que les biens de la caution ne soient pas par leur éloignement d'une discussion trop difficile. Mais il ne faut pas que les biens possédés par le fidéjusseur soient dans le ressort de la Cour où la caution doit être donnée. L'art. 2019 n'exige pas cette condition. C'est au juge à voir, d'apres les circonstances, si l'éloignement est assez grand pour rendre la discussion embarrassante. Il est vrai que M. Treilhard a professé dans l'exposé des motifs une opinion contraire (Fenet, t. XIV,

p. 39). Mais c'est évidemment par erreur que M. Treilhard a fait dire à l'article ce qu'il ne dit pas.

Un débiteur obligé de fournir caution en a, en effet, donné une qui présentait toutes les garanties requises par la loi. Mais, au bout d'un certain temps, elle devient insolvable. Le créancier a-t-il le droit de se plaindre? Oui; l'art. 2020 lui permet d'exiger de son débiteur une nouvelle caution. Le débiteur est donc, en un sens, garant de son propre garant.

Lorsque la caution fournie en vertu d'une convention antérieure, d'un ordre de la loi ou d'un ordre du juge, sera devenue insolvable, il doit en être fourni une autre (2010). Mais quand la caution sera-t-elle devenue insolvable? Dès qu'elle aura cessé de satisfaire aux conditions déterminées par l'art. 2019. Cette solution nous semble résulter d'une manière bien claire de la comparaison des deux art. 2019 et 2020. En effet, le premier définit ce qu'en matière de cautionnement il faut entendre par solvabilité; le second nous dit que le créancier pourra demander de nouvelles garanties quand la caution sera devenue insolvable. Il n'est pas possible que lorsqu'il a écrit l'art. 2020, le législateur ait oublié la règle qu'il venait de déterminer.

Si donc les immeubles de la caution, par suite d'accidents, d'aliénations ou de concessions de droits réels, cessent de représenter en valeur libre le montant de l'obligation principale, les juges devront condamner le débiteur à donner une nouvelle caution. Mais nous savons que, lorsque la dette cautionnée est commerciale ou d'un chiffre modique, la question de savoir si le fidéjusseur est devenu insolvable doit être résolue d'après les règles ordinaires. Demandons-nous maintenant si le débiteur qui ne trouverait pas à donner la caution promise ou qu'il doit remplacer, serait reçu à offrir au créancier une sûreté équivalente, telle qu'un gage ou une hypothèque. — La négative a justement prévalu en doctrine et en juriprudence, car si le gage et l'hypothèque offrent certains avantages, ils présentent aussi certains inconvénients que le créancier ne rencontre pas dans le cautionnement. Le gage peut périr, diminuer de valeur, et lorsque l'immeuble hypothéqué est entre les mains d'un tiers, le créancier est exposé à voir purger son hypothèque. — Le cautionnement n'engendrant pas ces risques. ne pourra donc pas être remplacé, malgré le créancier, par un gage ou une hypothèque.

CHAPITRE II.

EFFETS DU CAUTIONNEMENT.

Nous diviserons comme le Code le chapitre en trois sections.

Nous étudierons dans la première les effets du cautionnement entre le créancier et la caution. Dans la seconde ses effets entre le débiteur et la caution, enfin, dans la troisième, ceux qu'il produit entre plusieurs cautions.

1re SECTION.

Effets du cautionnement entre le créancier et la caution. — Bénéfices de discussion et de division.

Lorsque la caution est poursuivie par le créancier, elle peut exiger que le créancier fasse préalablement saisir et vendre les biens du débiteur principal; c'est ce qu'on appelle le bénéfice d'ordre ou de discussion. Ce bénéfice fut introduit par la novelle 4 de Justinien. Toutefois les *argentarii* étaient exclus de ce privilége; mais, pour rétablir l'équilibre, ils imaginèrent d'exiger des cautions de leurs débiteurs qu'elles renonçassent au bénéfice de discussion.

Dans sa novelle 136, Justinien reconnut la validité de ces renonciations qui devinrent alors d'un usage très-fréquent. Notre ancienne jurisprudence emprunta aux Novelles de Justinien le bénéfice de discussion et le droit d'y renoncer, c'est-à-dire que tout en admettant ce bénéfice en principe, on l'abrogeait presque en fait. En Bourgogne surtout ces renonciations étaient devenues tellement de style, que, lors de la réformation de la coutume, on crut devoir supprimer le bénéfice de discussion comme entièrement tombé en désuétude.

Néanmoins, quelque faible que fût en fait l'utilité de ce bénéfice, on le maintint en principe.

Les rédacteurs du Code ont cru devoir conserver le bénéfice de discussion. Ils se sont rangés à l'opinion des juristes qui le regardaient comme conforme à l'équité; ils ont vu là un moyen de protéger la caution et n'ont pas voulu la priver de cette protection. D'ailleurs, il est juste de faire payer la dette plutôt par le débiteur principal qui en a profité que par la caution qui n'en a tiré aucune utilité. De la sorte on simplifie la marche des affaires en évitant des recours.

Et d'abord hâtons-nous de prévenir une erreur dangereuse en cette matière. En rattachant l'art. 2021, qui consacre le bénéfice de discussion, à l'art. 2011 qui définit le cautionnement, il semblerait que le créancier, ne pouvant agir contre la caution que sous la condition que le débiteur principal ne satisfait pas lui-même à l'obligation, se trouve dans la nécessité absolue de discuter le débiteur avant de rechercher la caution ; mais ce serait une erreur : il suffit, pour que la caution soit tenue, que le débiteur n'ait pas payé, et, pour établir ce fait, il n'est pas nécessaire de recourir à une procédure aussi compliquée et aussi dispendieuse que la discussion d'un patrimoine. Aussi l'art. 2022 déclare-t-il que la discussion du débiteur principal n'est pas un préliminaire dont l'omission rende non recevable l'action du créancier contre la caution. D'après cet article, le créancier n'est obligé de discuter le débiteur que lorsque la caution le requiert sur les premières poursuites dirigées contre elle, et même elle ne peut faire cette discussion que sous certaines conditions. Le Code n'a fait que confirmer la jurisprudence du Parlement de Paris.

Mais du moins ne faudrait-il pas que le créancier, pour poursuivre dûment la caution, justifie qu'il a mis le débiteur principal en mesure d'accomplir son obligation? L'affirmative a été soutenue par quelques auteurs. D'après leur opinion, le créancier devrait être repoussé s'il ne donne pas la preuve de la mise en demeure du débiteur principal. Ils se fondent sur les dernières expressions de l'art. 2011, dont les termes signifieraient que la caution n'est obligée que conditionnellement. Cette opinion est presque universellement rejetée; l'engagement de la caution n'est pas conditionnel, son obligation est pure et simple. Quant aux expressions de l'art. 2011, *si le débiteur n'y satisfait pas lui-même*, il est évident, selon nous, que le législateur a voulu faire allusion au bénéfice de discussion qu'il se proposait de développer plus tard.

Ce bénéfice appartient, en principe, à toutes les cautions. Mais ce principe est restreint par de nombreuses exceptions. Ainsi, la caution judiciaire ne peut pas opposer le bénéfice de discussion (art. 2042). La caution ne peut pas l'opposer lorsqu'elle vient à hériter du débiteur principal; car elle est tenue alors comme débiteur principal. la caution d'un vendeur, lorsqu'elle trouble l'acquéreur par une action en revendication, et que celui-ci lui oppose la règle : « Quem de evictione tenet actio, eumdem agentem repellit exceptio, » ne peut pas se prévaloir du bénéfice de discussion, puisque, comme le dit Pothier, une telle exception ne saurait être produite que lorsque le débiteur principal peut acquitter la dette, et que, dans le cas proposé, ce n'est pas le vendeur, c'est la caution qui peut seule satisfaire à l'obligation, elle seule pouvant faire cesser l'action intentée de son chef contre l'acquéreur en abandonnant cette action (Pothier, *De la vente*, n° 177).

La caution ne peut encore opposer le bénéfice de discussion quand il est notoire que le débiteur principal est insolvable. Cela est évident, puisque dans ce cas la caution ne pourrait pas se conformer à l'art. 2023, ne pourrait pas indiquer les biens à discuter.

A ces exceptions, quelques auteurs en joignent d'autres. Ainsi ils reconnaissent que le bénéfice n'est pas admis dans les matières commerciales. Pour soutenir cette opinion, ils tirent argument de ce que, en matières commerciales, le cautionnement est presque toujours payé. Comment donc le fidéjusseur pourrait-il s'abriter derrière une exception introduite pour celui qui se charge généreusement de la dette d'autrui?

Ils invoquent encore l'art. 142 du C. de commerce [d'après lequel les donneurs d'aval sont tenus d'une manière principale comme les tireurs et endosseurs de lettres de change.

Ajoutons que ces auteurs restreignent l'application de leur système aux marchands ou personnes faisant acte de commerce, et admettent que le non-négociant peut opposer le bénéfice de discussion au créancier commerçant envers lequel il s'est obligé comme caution dans la forme ordinaire.

Même avec cette restriction, nous croyons qu'il faut rejeter cette opinion. L'art. 2021 s'applique aux commerçants aussi bien qu'aux non-commerçants, car il contient un principe qui doit s'appliquer dans tous les cas, à moins que la loi spéciale ne renferme une exception. Or, cette exception n'existe nulle part. En effet, l'argument de l'art. 142 ne prouve rien. Dans cet article, il s'agit d'un engagement solidaire, qui, d'après le texte même de notre art. 2021, est exclusif du bénéfice de discussion. Quant à l'autre argument, qui consiste à dire que le cautionnement commercial est presque toujours payé, nous rappelons que, lorsque le cautionnement est payé, il se transforme en contrat d'assurance, et si le bénéfice de discussion n'est pas admis en ce cas, c'est que le contrat d'assurance ne le comporte pas.

La caution peut renoncer au bénéfice de discussion. La renonciation peut être faite lors de l'engagement de la caution ou plus tard expressément ou tacitement ; on peut l'induire des circonstances, de certaines clauses ou expressions de l'acte indiquant d'une manière manifeste de la part du fidéjusseur la volonté de renoncer. Aujourd'hui, dans les actes notariés, les clauses de renonciation sont devenues de style ; elles sont, malgré cela, obligatoires, et il est peu de cautionnements par actes notariés où la discussion puisse être invoquée.

La circonstance que la caution s'est obligée solidairement avec le débiteur entraîne renonciation du bénéfice de discussion, et l'art. 2021 ajoute : « L'effet de son engagement se règle par les principes qui ont été établis pour les dettes solidaires. » Est-ce à dire que la caution obligée solidairement avec le débiteur soit assimilée au débiteur solidaire au moins dans ses rapports avec le créancier? Nous ne le croyons pas; il ne faut pas donner une portée absolue à l'art. 2021. C'est seulement au point de vue des bénéfices de discussion et de division que la caution solidaire cesse d'être traitée comme une caution et se trouve traitée comme un débiteur solidaire. Mais, à part cela, elle conserve le caractère accessoire du cautionnement.

Après avoir examiné quelles cautions peuvent invoquer le bénéfice de discussion et quelles cautions n'ont pas ce droit, précisons les conditions auxquelles l'exercice de ce droit est soumis. Ces conditions peuvent être ramenées à trois : 1° la caution doit, sans retard, manifester son intention à cet égard; 2° elle doit faire l'avance des frais nécessaires pour faire la discussion; 3° elle doit indiquer les biens du débiteur qu'elle entend faire discuter. Reprenons ces trois conditions.

Et d'abord quand l'exception doit-elle être opposée? Est-elle péremptoire? Est-elle dilatoire? Quelques jurisconsultes de l'ancien droit la croyaient péremptoire et permettaient de l'opposer en tout état de cause. Pothier la considérait avec raison comme étant du nombre des exceptions dilatoires, puisqu'elle ne tend qu'à différer l'action du créancier contre le fidéjusseur jusqu'après le temps de la discussion, et non à l'exclure entièrement. Le fidéjusseur devait l'opposer avant de défendre au fond, sous peine d'être censé y avoir renoncé. Les rédacteurs du Code se sont rattachés à cette dernière opinion.

Le créancier n'est obligé de discuter le débiteur principal que lorsque la caution le requiert *sur les premières poursuites* dirigées contre elle. Ces derniers mots ont été ajoutés à l'article sur la demande du Tribunat. On donne ainsi le motif de l'amendement : « Si différentes poursuites ont eu lieu contre la caution sans qu'elle ait requis la discussion des biens du débiteur, elle est censée avoir renoncé à la faculté que la loi lui donne. Le créancier ne doit pas être le jouet du caprice de la caution, il doit pouvoir achever la route dans laquelle le silence de la caution l'a laissé avancer. » (Fenet, t. XV, p. 28.)

Remarquons que le législateur ne dit pas, comme les anciens auteurs, que la discussion doit être opposée *avant la contestation en cause*, *mais sur les premières poursuites*. Les expressions dont il se sert expliquent l'idée que le seul silence, susceptible de produire la déchéance de la caution poursuivie, est celui qui fait nécessairement présumer la renonciation de sa part à la faculté d'opposer l'exception. C'est d'après cette présomption de renonciation qu'il faut interpréter l'expression un peu vague du Code : *sur les premières poursuites*: Les poursuites peuvent être judiciaires ou extrajudiciaires :

1° *Poursuites judiciaires*. — Les exceptions

d'incompétence *judicatum solvi*, les nullités d'actes de procédure pourront, devront même être opposées avant la discussion. Mais si la prétendue caution a plaidé au fond, si elle a opposé une défense, perd-elle nécessairement l'exception de discussion, comme elle perdrait une exception dilatoire ordinaire?

Il faut, je crois, faire une distinction. Si la prétendue caution a nié la dette, si elle a nié le cautionnement, ou du moins sa validité, elle n'a pas évidemment voulu renoncer au bénéfice de discussion, car ce bénéfice suppose une caution obligée, et on a supposé qu'il n'y en a pas.

Opposer l'exception, ce serait se reconnaître obligé. Mais si la caution élève une contestation sur la quotité de la dette principale, sur l'étendue du cautionnement, elle renonce à la discussion.

Cette distinction est aujourd'hui généralement admise. La discussion pourrait-elle être invoquée en appel? La négative nous semble devoir être admise; en appel, on n'est plus sur les premières poursuites. Cependant si en première instance la prétendue caution s'était bornée à nier l'existence de l'obligation principale ou du cautionnement, elle pourra, même en appel, opposer le bénéfice de discussion.

2° *Poursuites extrajudiciaires.*—Il peut se faire que le créancier poursuive la saisie des meubles ou des immeubles de la caution, alors naît la question de savoir à quelle période des poursuites dirigées contre cette caution, elle aura perdu le droit de demander la discussion préalable des biens du débiteur principal. Il faut, pensons-nous, appliquer l'art. 159 C. de proc., et décider que la caution sera recevable tant que les poursuites du créancier ne sont pas arrivées à une des phases indiquées par cet article. Ainsi, on lui permettra d'opposer le bénéfice après les premiers actes de poursuites, jusqu'à la vente des meubles sur saisie-exécution ou saisie-brandon, jusqu'au jugement prononçant la validité d'une saisie-arrêt faite sur elle, jusqu'à la notification d'une saisie immobilière.

La seconde condition que doit accomplir la caution pour avoir droit au bénéfice de discussion, consiste à faire les avances des frais nécessaires pour la discussion. Cette condition a pour but de mettre le créancier en position de poursuivre facilement le débiteur. Cette mesure, empruntée à l'ancien droit, avait été vivement combattue par le tribun Goupil-Prefeln. Il ne voyait pas de raison assez forte pour imposer à la caution l'obligation de fournir les frais d'une instance dans laquelle elle ne serait pas même partie. M. Chabot répondit que la discussion restreignait le droit du créancier, l'obligeant à attendre plus longtemps son remboursement. La discussion est donc une faveur pour la caution, car elle lui procure sa décharge ou au moins un délai.

Il est donc juste qu'elle avance les fonds nécessaires pour une discussion admise uniquement pour son intérêt. La caution doit avancer les frais de toute la discussion, de celle des meubles comme de celle des immeubles. Dans l'ancien droit, elle n'avait qu'à avancer les frais de la discussion immobilière. Elle n'est pas obligée d'offrir les deniers, de faire des offres réelles, mais seulement de les fournir sur la demande des créanciers (Cass., 21 mars 1827); et s'il s'élevait une difficulté soit sur le chiffre, soit sur la remise des avances, ce serait aux tribunaux de la résoudre.

La troisième et dernière condition imposée à la caution qui veut invoquer le bénéfice de discussion est relative à l'indication des biens.

Cette condition a pour but de mettre le créancier dans le cas de procéder sûrement. L'art. 2023, qui édicte cette condition, ne précise rien quant à la nature des biens à indiquer par la caution. Il résulte de ce silence qu'il n'y a pas de distinction à faire entre les meubles et les immeubles. Mais la caution ne pourrait se prévaloir de ce silence pour indiquer des biens n'ayant aucune consistance. La loi, qui ne dit rien sur la nature des biens à indiquer, s'occupe au contraire de la condition où ils doivent se trouver. Ainsi elle exige d'abord que les biens soient situés dans le ressort de la Cour où le payement doit être fait. Elle exige en second lieu qu'ils ne soient pas litigieux, et il faut donner à ce mot le sens large que nous lui avons donné lorsque nous l'avons rencontré dans l'art. 2019.

Enfin, la caution ne peut pas indiquer des biens hypothéqués à la dette qui ne sont plus en la possession du débiteur. Pourquoi cela? A-t-on voulu épargner au créancier les lenteurs de la saisie pratiquée sur un tiers? Mais cette saisie n'est ni plus longue, ni plus difficile que celle des biens restés entre les mains du débiteur. Nous croyons que la règle dont il s'agit peut s'expliquer par ce motif qu'on ne voit pas pourquoi, lorsque l'un des débiteurs accessoires a été actionné par le créancier, il aurait la faculté de détourner les poursuites sur l'autre.

Supposons maintenant que le créancier ait négligé de poursuivre le débiteur et que ce défaut de poursuite ait amené l'insolvabilité du débiteur. Sur qui cette insolvabilité doit-elle peser? Sur le créancier ou sur la caution? La question était controversée dans l'ancienne jurisprudence. Pothier la tranchait contre la caution, la coutume de Bretagne contre le créancier (Pothier, n° 414).

Le Code, par son art. 2024, consacre l'opinion adoptée par l'art. 192 de la coutume de Bretagne.

Cet article est ainsi conçu : « Toutes les fois » que la caution a fait l'indication de biens autorisée par l'article précédent, et qu'elle a » fourni les deniers suffisants pour la discussion, » le créancier est, jusqu'à concurrence des biens

» indiqués, responsable à l'égard de la caution » de l'insolvabilité du débiteur principal, survenue par le défaut de poursuites. » Ainsi, si le créancier néglige de poursuivre le débiteur, s'il le laisse devenir insolvable, il ne peut plus se retourner contre la caution. Les rédacteurs du Code ont vu dans le créancier auquel la caution a fourni les deniers pour la discussion un mandataire, chargé de poursuivre le débiteur, obligé d'agir et responsable de sa négligence.

Jusqu'à présent, nous avons supposé le créancier en présence d'une seule caution, et après avoir dit qu'en principe la caution est tenue de la totalité de la dette et que le créancier peut la poursuivre dans cette mesure, nous avons vu comment le bénéfice de discussion venait tempérer l'obligation de la caution et comment, par suite du caractère accessoire du cautionnement, la caution pouvait se dispenser de payer avant la discussion du débiteur principal. Supposons maintenant le créancier en présence de plusieurs cautions, dont chacune ne s'est pas obligée pour une partie de la dette principale, mais en termes généraux.

Cette hypothèse est réglée en ces termes, par l'art. 2025 : « Lorsque plusieurs personnes se » sont rendues cautions d'un même débiteur » pour une même dette, elles sont obligées à » toute la dette. » Ainsi, à la différence des débiteurs conjoints dont l'obligation se divise de manière que chacun ne soit tenu que de sa part et portion, chacune des cautions est tenue à la totalité de la dette. La loi a pensé que le créancier qui n'a qu'un seul débiteur n'a pas entendu fractionner sa créance à l'égard des cautions, et que s'il en a exigé plusieurs, c'est qu'il a voulu seulement acquérir le plus de garanties possible ; mais les fidéjusseurs, quoique tenus *in solidum*, ne sont pas des codébiteurs proprement dits.

Ainsi, les poursuites dirigées contre l'un des cofidéjusseurs n'empêchent pas la prescription de courir au profit des autres ; la demande d'intérêts dirigée contre l'un d'eux ne ferait pas courir les intérêts contre les autres, etc.

Le principe rigoureux de l'art. 2025, que nous venons d'exposer, reçoit un tempérament important par le bénéfice de division que les rédacteurs du Code ont emprunté à l'ancienne jurisprudence qui, à son tour, l'a emprunté au droit romain, où il a été introduit par Adrien. Occupons-nous de ce bénéfice.

Le bénéfice de division constituant une pure exception, introduite par humanité, il résulte de là que la caution ne peut l'opposer que lorsqu'elle est poursuivie par le créancier. Cela est confirmé par ce qu'a dit Chabot dans son rapport au Tribunat : « La division ne peut être demandée qu'après que l'action a été formée par le créancier » (Fenet, t. XV, p. 55). Mais une fois poursuivie, la caution doit l'opposer ; le juge ne pourrait pas, sans excéder ses pouvoirs, prononcer la division d'office. Le mode par lequel la caution demande la division diffère selon qu'elle est poursuivie judiciairement ou extrajudiciairement.

Dans le premier cas, c'est par acte d'avoué à avoué qu'elle fera sa demande ; dans le second, par l'offre de la portion dont elle est personnellement tenue. Le mode d'opposer l'exception est pareil à celui que doit employer la caution pour demander le bénéfice de discussion. Mais s'il y a similitude à cet égard, il y a grande différence au point de vue des conditions requises pour avoir droit aux bénéfices. Ainsi l'art. 2026 ne dit pas pour le bénéfice de division ce que l'art. 2023 dit pour le bénéfice de discussion, que la caution qui l'invoque doit faire l'avance des frais. La raison de ceci tient à la différence qui existe entre les deux exceptions; l'exception de discussion est dilatoire et il est naturel que la caution avance les frais d'une procédure qui suspend sa condamnation. Au contraire, l'exception de division est péremptoire, elle anéantit la demande pour ce qui excède les parts respectives.

Il n'est pas besoin de demander la division sur les premières poursuites, comme cela serait nécessaire s'il s'agissait du bénéfice de discussion. Car l'exception dont nous nous occupons est non pas dilatoire, mais péremptoire ; puisqu'elle tend à exclure entièrement l'action contre celui qui l'oppose, pour les parts de ses cofidéjusseurs. Mais si la division ne doit pas être demandée sur les premières poursuites, elle doit l'être avant le jugement de condamnation. C'était aussi l'avis de Pothier (n° 425) qui critiquait l'opinion de quelques docteurs suivant laquelle l'exception de division peut être opposée, même après le jugement de condamnation, à l'exemple de l'exception *cedendarum actionum*. « Il y a une » grande différence, dit-il, entre l'exception de » division et l'exception *cedendarum actionum;* » celle-ci n'attaque pas la sentence, ni le droit » acquis par cette sentence au créancier qui n'a » aucun intérêt à refuser la cession de ses ac- » tions à la caution qui a été condamnée en- » vers lui, lorsqu'elle le paye; au lieu que » l'exception de division, si on la proposait » après le jugement de condamnation, attaque ce » jugement et le droit acquis par ce jugement au » créancier, puisqu'elle tend à restreindre à une » portion le droit, qui est acquis au créancier » par ce jugement, d'exiger le total de la dette » de la caution qui a été condamnée envers lui. » La caution ne pourra donc pas opposer le bénéfice de division après le jugement de condamnation; mais il faut que ce jugement soit définitif; s'il était susceptible d'appel, comme l'appel mettrait tout en question, le bénéfice pourrait valablement être opposé.

Quand les poursuites dirigées contre l'une des cautions sont extrajudiciaires, elle peut exciper même après la vente et tant que les deniers ne sont pas partagés.

Le bénéfice de division a été introduit par grâce en faveur des cautions. Ces dernières peuvent donc y renoncer. Cela résulte de l'art. 2026, qui dit que la caution peut exiger que le créancier divise son action, *à moins qu'elle n'ait renoncé à ce bénéfice*. La renonciation peut être expresse ou tacite; mais, pour l'opposer à la caution, il faut qu'il résulte clairement du fait ou de la stipulation d'où on prétendrait induire la volonté, de la part de la caution, de rester tenue pour la totalité. C'est aux juges à apprécier. Il y a toutefois un cas où le juge ne peut méconnaître la renonciation sans se mettre en opposition avec la loi. C'est le cas où la caution s'engage solidairement avec le débiteur principal ou avec les autres cautions. Cela résulte clairement du rapprochement des art. 2021 et 1203.

Supposons que la caution n'ait pas renoncé au droit d'opposer le bénéfice de division, qu'elle ait conservé entier son droit et qu'elle le fasse valoir; entre quelles cautions a lieu la division? On ne doit tenir compte que des cautions ayant réellement cette qualité. Ainsi on fera abstraction de la caution dont l'engagement est radicalement nul. Mais si son engagement est seulement annulable, par exemple parce qu'il aurait été pris par un mineur ou par une femme mariée non autorisée, alors on tiendra compte de cette caution, sauf au créancier à revenir contre les autres, si l'incapable fait prononcer plus tard la nullité de son engagement (Poth., n° 424).

Pour que la division puisse être demandée entre deux cautions, faut-il qu'elles se soient engagées ensemble par un même acte? Nous ne le croyons pas. Le motif du bénéfice de division est d'accorder une faveur à la caution, d'éviter des recours, d'épargner des frais. Or, ce motif existe, non-seulement au cas où les cautions se sont liées par un seul acte, mais aussi lorsqu'elles se sont obligées par actes séparés.

Il faut enfin que les cautions entre lesquelles on demande la division soient solvables. Si on oblige le créancier à fractionner son action, il faut au moins qu'il soit sûr d'obtenir en plusieurs fois tout ce qu'elle promettait de donner en une seule. Pour apprécier quels sont les fidéjusseurs solvables, et quels sont ceux qui ne le sont pas, on se place, dit l'art. 2126, au moment où le juge prononce la divison.

Mais si les insolvabilités existant lors du jugement sont à la charge des cautions, celles survenues après ce jugement sont à la charge du créancier. « La caution ne peut plus être recherchée à raison des insolvabilités survenues depuis la division, » dit l'art. 2026. Le motif de cette décision, c'est que l'exception dont il s'agit étant péremptoire, elle périme entièrement, lorsqu'elle a lieu, l'action du créancier contre le fidéjusseur, pour la part de ses cofidéjusseurs, avec lesquels la division est accordée. Le principe qui oblige à toute la dette chacune des cautions du débiteur étant écrit en faveur du créancier, il peut y renoncer et opérer lui-même la division. Cette division sera opérée aux termes de l'art. 2027 par le seul fait d'une poursuite exercée divisément. Il ne serait donc pas nécessaire que la caution poursuivie eût acquiescé à la demande, ou qu'il fût intervenu un jugement de condamnation.

La division faite par le créancier réduit la dette des cautions poursuivies à leur part virile, et, à moins de réserves expresses, les décharges des insolvabilités antérieures : en cela, la division opérée par le créancier est plus favorable à la caution que la division opérée par la justice.

SECTION II.

De l'effet du cautionnement entre le débiteur et la caution. — Bénéfice de subrogation.

Nous savons que le cautionnement est en principe un acte de bienfaisance dans les rapports du débiteur avec la caution : c'est d'ordinaire un service d'ami ; il était dès lors digne des faveurs de la loi. C'est pourquoi il a été accordé à la caution plusieurs moyens pour se faire rembourser ce qu'elle a payé à la décharge du débiteur ; elle peut agir à cet effet, soit par une action personnelle, soit par l'action du créancier en vertu de la subrogation. Il y a même des cas où elle peut, avant d'avoir payé, agir contre le débiteur. Le législateur s'est occupé de ces trois points : de l'action personnelle dans les art. 2028 et 2031 ; de l'action que la caution exerce en vertu de la subrogation, dans les art. 2029 et 2030 ; enfin de l'action anticipée ouverte à la caution dans certains cas (art. 2032). Nous analyserons ces articles dans l'ordre indiqué ; leur analyse nous montrera quels sont les effets du cautionnement entre le débiteur et la caution.

L'art. 2028 donne, à la caution qui a payé le droit de recourir contre le débiteur par une action personnelle. Cette action est ou l'action *mandati* ou l'action *negotiorum gestorum*.

La première, si la caution est intervenue sur un mandat du débiteur ; la seconde, lorsqu'elle est intervenue à l'insu du débiteur. Que si la caution est intervenue contre la volonté du débiteur principal, il faut encore lui donner l'action *negotiorum gestorum*. Entre le cas où la caution peut exercer son recours par l'action *mandati contraria* et celui où elle peut l'exercer seulement par l'action *negotiorum gestorum*, il y a cette différence que, dans la première hypothèse, elle obtiendra le remboursement de toutes les dépenses qu'elle a faites, en exécution du mandat, tandis que, dans la seconde, elle obtiendra seulement le remboursement de celles qui ont été utilement faites.

Pour que le recours ordinaire de la caution contre le débiteur principal soit ouvert, deux conditions sont requises. Il faut :

1° Q'il y ait eu payement, ou tout autre acte équivalent, valable et libératoire. Le payement peut être volontaire ou bien en exécution d'une condamnation judiciaire. Il faut assimiler au payement tout acte éteignant la créance; par exemple, une *datio in solutum*, une compensation du chef de la caution, une novation par elle faite.

En serait-il de même de la remise faite par le créancier à la caution? Il faut distinguer. Si le créancier se borne à faire remise au fidéjusseur de son action contre lui, se réservant de l'exercer contre le débiteur, il est clair que la caution n'a rien à réclamer contre le débiteur, ce dernier restant sous le coup des poursuites du créancier; mais si le créancier voulant la gratifier lui faisait remise non pas seulement de son action contre elle, mais de la dette elle-même, en lui donnant quittance totale ou partielle, elle aurait son recours contre le débiteur jusqu'à concurrence de ce dont celui-ci se trouve libéré.

Le payement mal fait, c'est-à-dire celui que la caution aurait dû s'abstenir de faire, ne pourrait pas non plus être le fondement d'un recours contre le débiteur principal. Par exemple, la dette cautionnée était le prix de vente d'une maison dont l'acquéreur, débiteur principal, a été évincé par le véritable propriétaire : si la caution, connaissant l'éviction paye, elle n'a pas de recours contre le débiteur, car elle aurait pu se dispenser de payer, en excipant de l'éviction soufferte par l'acquéreur. Mais que décider si la dette est prescrite ?

Peut-on reprocher au fidéjusseur de ne pas avoir opposé la prescription ? Nous avons ici deux idées à concilier. Il ne faut pas forcer la caution à invoquer un moyen de défense qui répugne peut-être à sa conscience ; il ne faut pas non plus lui permettre d'empêcher le débiteur d'invoquer le moyen ou d'en profiter. Une voie de conciliation se présente : que la caution appelle en cause le débiteur, afin qu'il prenne le parti qui lui semblera le meilleur. Que si le fidéjusseur omet cette précaution et paye la dette, il sera déchu de son recours.

Il le conserverait cependant si l'exception qu'il n'a pas voulu opposer pour une raison de conscience lui était personnelle, car il n'a pas été délicat aux dépens du débiteur. Tel serait le cas où un fidéjusseur aurait accédé à une obligation étant mineur, et ne voudrait pas exciper de sa minorité.

2° Il faut, pour que la caution puisse recourir contre le débiteur, qu'elle ait payé utilement pour ce dernier. C'est à cela que se réfère l'art. 2031 où sont prévues deux hypothèses.

La caution qui a payé une première fois, dit le paragraphe 1er de l'art. 2031, n'a point de recours contre le débiteur principal, qui a payé une seconde fois, lorsqu'elle ne l'a pas averti du payement par elle fait. Lorsque la caution a commis une faute pareille, c'est elle seule qui doit en supporter les conséquences, elle pourra seulement intenter une action en répétition contre le créancier.

La caution est encore, d'après l'après l'art. 2031, déchue de son recours, lorsqu'elle a payé sans être poursuivie et sans avoir averti le débiteur principal, celui-ci ayant, au moment du payement, des moyens pour faire déclarer la dette éteinte. Elle est encore en faute, le débiteur ne doit pas souffrir. Elle n'aura que l'action en répétition contre le créancier. Mais, si elle avait payé étant poursuivie et ignorant les moyens de défense que le débiteur pourrait faire valoir, aucun reproche ne pouvant lui être fait, elle conserverait son recours.

Examinons maintenant quel sera pour la caution le résultat du recours. Supposons d'abord que c'est l'action de mandat qu'elle intente, qu'obtiendra-t-elle en l'exerçant? Le principe en cette matière, c'est que la caution ne doit rien perdre ni gagner. L'art. 2028 lui accorde un recours « tant pour le principal que pour les intérêts et les frais. ».

Par *principal*, il faut entendre, non le montant de la créance, mais le montant de ce que la caution a dépensé pour l'éteindre. Si elle avait obtenu la libération du débiteur pour une somme inférieure à celle due, elle ne pourrait réclamer que la somme effectivement payée. Son cautionnement a été un service, une bonne action; elle ne peut en tirer les profits qu'on demande à une spéculation.

La caution a recours, pour les intérêts qu'elle a payés au créancier, à l'acquit du débiteur. L'obligation pour la caution d'acquitter les intérêts, suppose qu'elle a contracté un cautionnement indéfini de l'obligation principale. La caution ayant droit, en sa qualité de mandataire, aux intérêts de ses avances, du jour où elles sont constatées (art. 2001), peut exiger l'intérêt des intérêts qu'elle a payés, lors même que ces intérêts auraient été dus pour moins d'un an ; et il n'y a pas là d'anatocisme, car ces sommes, intérêts à l'égard du créancier, forment un capital à l'égard de la caution. La caution peut recourir aussi pour les frais dus par le débiteur principal, et que l'art. 2016 met à sa charge, lorsque son cautionnement est indéfini. Quant aux frais faits par elle ou par le créancier contre elle, elle a droit à ceux de la demande ; mais elle n'a droit à ceux qui suivent que si elle a dénoncé les poursuites au débiteur principal ; car elle a à s'imputer de n'avoir pas avisé le débiteur principal qui, s'il eût été averti, se fût peut-être mis en demeure de payer et d'arrêter par là les poursuites.

L'art. 2028 accorde enfin à la caution des dommages-intérêts, *s'il y a lieu*, si, par exemple, elle a été saisie, si ses biens ont été vendus, si elle a été obligée de contracter un emprunt à frais considérables. Ces dommages-intérêts sont dus à la caution indépendamment des intérêts légaux de ses déboursés. C'est une exception à l'art. 1153, prévue par cet article même, et justifiée par la faveur que mérite la caution. L'action de mandat de la caution se prescrira, comme les actions ordinaires, par trente ans. La caution aura trente ans pour réclamer tous ses déboursés, les avances qu'elle a faites, tant pour le payement du principal que pour le payement des intérêts. Le débiteur ne pourra pas repousser la demande en remboursement de ses intérêts, que la caution lui adressera après plus de cinq ans.

Sans doute, c'étaient là des intérêts entre le créancier et le débiteur et la prescription quinquennale était applicable; mais, dans les rapports de la caution et du débiteur, c'est un capital soumis à la seule prescription trentenaire.

Nous avons supposé que la caution agit par l'action *mandati*, c'est-à-dire que le cautionnement suppose une convention de mandat intervenue préalablement entre le débiteur et la caution. Supposons maintenant que la caution soit intervenue à l'insu du débiteur ou bien malgré lui. Quelle sera dans ce cas l'étendue du recours? Il faut distinguer. Si la caution qui intervient à l'insu du débiteur garantit l'exécution des engagements pris par ce dernier, par intérêt pour le débiteur et pour lui procurer un crédit qu'il n'a pas, elle joue le rôle de gérant d'affaires, et une fois l'utilité de la dépense justifiée, elle obtiendra par l'action *negotiorum gestorum* ce qu'elle aurait obtenu par l'action *mandati*. Nous donnerons la même décision pour le cas où la caution se serait engagée malgré le débiteur principal, mais dans son intérêt. Dans ce cas il y a encore, croyons-nous, un quasi-contrat de gestion d'affaires, et la caution, après avoir justifié l'utilité pour le débiteur des avances faites, aura un recours dans les termes de l'art. 2028.

Si, au contraire, la caution s'est engagée dans l'intérêt du créancier, et si plus tard elle satisfait à l'obligation du débiteur ; sa situation sera celle d'un acheteur ou d'un cessionnaire de créance. Elle n'aura contre le débiteur que les droits du créancier aux termes de l'art. 2029.

Si enfin la caution s'engageait dans son propre intérêt (ce qui aurait lieu si elle se faisait payer par le débiteur), et qu'elle vînt à payer pour le débiteur, elle pourrait lui demander le remboursement de ce qu'elle aurait payé en principal et accessoires, et même, s'il y avait lieu, des dommages-intérêts. En effet, l'art. 2028 ne distingue pas entre le cautionnement à titre gratuit et le cautionnement à titre onéreux, et ce dernier a pu causer à la caution des dommages plus considérables que l'indemnité qu'elle avait reçue d'avance.

Outre l'action qui lui est propre, la caution a encore, pour exercer son recours, les actions du créancier, auxquelles elle est subrogée légalement, en vertu des art. 1251 3° et 2020. Cette subrogation vient du bénéfice de cession d'actions du droit romain.

Ce bénéfice était passé dans l'ancien droit tel qu'il était en droit romain. La subrogation de la caution aux droits du créancier ne s'opérait pas de plein droit; la caution avait seulement la faculté de la requérir.

Les rédacteurs du Code ont admis que, dans un certain nombre de cas, la subrogation aurait lieu de plein droit. L'hypothèse où la caution a payé la dette du débiteur principal est de ce nombre (art. 2020 et 1251 3°).

La subrogation a lieu pour tout ce que la caution *a payé* au créancier, en donnant à ce mot le sens large que nous lui avons donné en nous occupant de l'action personnelle par laquelle la caution peut recourir contre le débiteur. Mais la caution ne pourrait pas, en vertu de la subrogation, répéter les frais des poursuites exercées contre elle et les dommages-intérêts auxquels elle peut avoir droit. Les frais et dommages-intérêts ne sont pas, à proprement parler, des accessoires de la dette principale; le créancier ne pourrait pas les réclamer au débiteur, comment la caution, agissant en vertu de la subrogation, pourrait-elle le faire? Pour obtenir les frais et les dommages-intérêts, c'est son action personnelle qu'elle doit intenter, et c'est là un avantage que cette action a sur celle que la caution intente comme subrogée au créancier ; mais cette dernière a aussi ses avantage, car elle permet à la caution de se prévaloir des sûretés qui garantissaient le payement de la dette.

Mais c'est seulement contre les tiers que la caution peut se prévaloir de ces sûretés ; elle ne peut pas les opposer au créancier. Ainsi supposons qu'une dette est garantie par un cautionnement et une hypothèque. La caution paye le créancier pour partie. Plus tard un ordre s'ouvre sur l'immeuble hypothéqué ; la caution non-seulement ne pourra primer le créancier, mais ce dernier viendra pour ce qui lui reste dû de préférence à la caution.

Il faut appliquer le principe *nemo contra se subrogasse censetur*, consacré par l'art. 1252. Il en serait différemment au cas de cession ; le cessionnaire viendrait en concours avec le cédant.

Supposons maintenant qu'il y a plusieurs débiteurs principaux. Il faut distinguer s'ils sont obligés conjointement ou solidairement.

Dans le premier cas, la dette se divise en autant de parts qu'il y a de débiteurs, le créancier a une action multiple et divisée dès le principe. Selon que la caution a cautionné un, plusieurs ou tous les débiteurs, elle est subrogée à une, à plusieurs, à toutes les actions du créancier.

Dans le second, « la caution qui les a tous cautionnés a contre chacun d'eux le recours pour la répétition du total de ce qu'elle a payé » (art. 2030). Les débiteurs étant solidaires, le créancier aurait pu demander à chacun d'eux la totalité de la dette. Il est juste que la caution subrogée au créancier ait le même droit. Mais si la caution n'a garanti qu'un des débiteurs solidaires, peut-elle recourir pour le tout contre chacun des autres? La négative nous semble devoir être admise : l'art. 2030 n'accorde, en effet, à la caution de recours pour la totalité de ce qu'elle a payé, contre chacun des codébiteurs solidaires, que dans le cas où elle les a *tous cautionnés*, donc il exclut virtuellement le cas où la caution a répondu et payé pour un seul des débiteurs solidaires. Cette décision est, en outre, conforme à l'équité, car il est juste que la position des débiteurs ne soit pas aggravée, s'il arrive que par suite d'un cautionnement auquel ils sont étrangers, le créancier reçoive son payement de la caution au lieu de le recevoir de l'un de leurs coobligés.

Nous compléterons nos observations sur l'effet du cautionnement entre le débiteur et la caution en énumérant, avec l'art. 2032, les cas dans lesquels la caution peut, avant même d'avoir acquitté la dette, agir contre le débiteur qu'elle a cautionné pour en être par lui indemnisée.

Ces cas sont les suivants :

Premier cas. — La caution peut agir contre le débiteur, même avant d'avoir payé, lorsqu'elle est poursuivie en justice. Le droit romain était plus sévère ; le fidéjusseur ne pouvait recourir contre le débiteur principal qu'après sa condamnation. Les rédacteurs du Code ont suivi à cet égard l'ancienne pratique française, telle qu'elle nous a été attestée par Pothier. Par le fait de la poursuite, la caution subit un préjudice actuel, les frais et l'ennui du procès, et elle est menacée de poursuites dont le résultat de ce procès pourra être la cause, elle est donc en droit de recourir immédiatement contre le débiteur principal.

Deuxième cas. — Lorsque le débiteur a fait faillite ou est tombé en déconfiture.

Quelle est la raison qui, dans cette hypothèse, donne à la caution le droit de recourir contre le débiteur principal avant d'avoir payé? On ne peut pas dire que le débiteur ayant, par sa faillite, ou par sa déconfiture, perdu le bénéfice du terme, cette déchéance est en même temps encourue par la caution, et que dès lors celle-ci, pouvant être forcée de payer, elle doit pouvoir exercer son recours à l'effet de se prémunir, autant que faire se peut, contre les conséquences de poursuites imminentes.

Néanmoins on justifie parfaitement le recours anticipé de la caution par cette considération que si elle ne court pas le risque d'être immédiatement poursuivie, elle a le droit de veiller à sa sécurité par des actes conservatoires. Or, le recours que la caution exerce dans notre cas, a bien ce caractère. Il est juste que la caution prenne ses précautions, car il est plus que probable que, lorsque l'échéance arrivera pour la caution, elle sera obligée de payer.

Mais quel est le droit de la caution vis-à-vis du débiteur, vis-à-vis de la masse? L'art. 2032 semble lui permettre de se faire indemniser pour la totalité de la dette, tout en supposant qu'elle ne l'ait pas acquittée. Mais le créancier pourra de son côté produire à la faillite, et demander un dividende proportionnel à la totalité de sa créance. Le créancier et la caution produiront-ils en même temps pour la même dette? Il est évident qu'une seule dette ne peut être l'objet de deux collocations. Si donc le créancier a produit à la faillite, la caution ne pourra pas produire, à moins que le créancier n'ait négligé de le faire. De sorte qu'en définitive la caution devra ou bien compléter au créancier le payement commencé par le dividende, sans avoir recours contre la faillite, ou bien obtenir de la faillite le dividende afférent à la créance, et payer la totalité de cette créance au créancier.

Troisième cas. — Lorsque le débiteur s'est obligé de lui rapporter sa décharge dans un certain temps.

Le temps fixé étant expiré, si le débiteur ne s'est pas mis en mesure, la caution peut agir contre lui à l'effet d'obtenir la décharge promise. Le recours anticipé est fondé sur le principe que la convention fait la loi des parties.

Quatrième cas. — Lorsque la dette est devenue exigible par l'échéance du terme sous lequel elle avait été contractée.

Le fidéjusseur a dû compter que le débiteur payerait à l'échéance, et que par là il se trouverait déchargé. C'est pourquoi un nouveau délai accordé par le créancier n'empêcherait pas le fidéjusseur de demander sa décharge au débiteur; il n'avait compté rester obligé que jusqu'au terme fixé d'abord. On ne peut pas prolonger indéfiniment son obligation.

Cinquième cas. — Enfin, la caution peut agir contre le débiteur même avant d'avoir payé, *au bout de dix années, lorsque l'obligation n'a pas de terme fixe d'échéance, à moins que l'obligation principale, telle qu'une tutelle, ne soit pas de nature à pouvoir être éteinte avant un temps déterminé.* La caution n'entendant pas s'engager pour un temps indéfini, il était juste qu'elle pût exiger du débiteur qu'il lui rapportât sa décharge après un certain délai que la loi a fixé à dix années.

Mais une exception à cette règle était commandée par la force même des choses pour le cas où l'obligation principale n'est pas de nature à pouvoir être éteinte avant un temps déterminé, car alors la caution a dû prévoir la prolongation possible de son engagement. — Ainsi, même après dix années, la caution d'un tuteur ne peut exiger sa décharge, si la tutelle dure encore ; pareillement la caution d'un mari pour la restitution de la dot de sa femme, la caution d'une rente viagère, d'un usufruit ne peuvent réclamer leur décharge avant la dissolution du mariage, avant le décès du crédi-rentier de l'usufruitier.

Nous pensons que l'énumération faite par la loi est limitative et que, par conséquent, hors des cas prévus par l'art. 2032, la caution ne peut agir contre le débiteur avant d'avoir payé. Cette décision ne présente, du reste, aucun inconvénient en présence des énumérations fort larges de cet article.

SECTION III

Effets du cautionnement entre les cofidéjusseurs.

Dans le droit romain, le fidéjusseur qui avait payé ne pouvait recourir contre ses cofidéjusseurs qu'autant qu'il s'était fait céder les actions du créancier. On disait, pour justifier cela, que le fidéjusseur avait payé dans son propre intérêt et non pour libérer ses codébiteurs ; que, par conséquent, il ne pouvait pas avoir de recours personnel.

L'ancien droit français repoussa les idées trop sévères du dernier état de la jurisprudence romaine. Il accorda au fidéjusseur le droit de recourir contre ses cofidéjusseurs ; l'action du fidéjusseur résultait du payement fait par lui et de l'équité qui ne permet pas que le fidéjusseur qui a payé supporte seul le poids d'une dette au payement de laquelle les autres fidéjusseurs étaient tenus comme lui.

Le recours de la caution contre ses cofidéjusseurs est aujourd'hui formellement consacré par l'art. 2033, qui dispose que, « lorsque plusieurs personnes ont cautionné un même débiteur pour une même dette, la caution qui a acquitté la dette a recours contre les autres cautions, chacune pour sa part et portion. »

Ce recours du fidéjusseur est soumis à une condition : c'est qu'il ait payé le créancier. Il ne suffit même pas que le fidéjusseur ait payé, il faut encore qu'il ait payé en ayant juste sujet de le faire ; et, d'après l'art. 2033, 2e al., ce juste sujet n'existe qu'autant qu'il a payé dans les cas énumérés par l'art. 2032. Remarquons à ce propos que, l'art. 2033 se référant à l'art. 2032 sans distinguer entre les hypothèses prévues par ce dernier article, il faut dire que toutes les cinq hypothèses prévues par lui sont bonnes pour autoriser le fidéjusseur qui a payé à recourir contre ses cofidéjusseurs, et qu'il ne faudrait pas par conséquent dire, comme quelques auteurs, que dans les hypothèses prévues par les 3e et 5e al. de l'art. 2032 la caution ne pourrait pas recourir contre ses cofidéjusseurs.

Mais, contre quels cofidéjusseurs celui qui a payé a-t-il recours?

Contre les cautions qui ont cautionné le même débiteur pour la même dette; et il n'est pas nécessaire qu'elles se soient engagées par le même acte. On concevrait la nécessité d'une obligation contractée en même temps par toutes les cautions, si elles exerçaient leur recours par l'action *pro socio*, comme les *fidepromissores*. Mais leur recours est fondé sur une action de gestion d'affaires ou sur la subrogation; or, l'action de gestion d'affaires résulte de la libération procurée à toutes les cautions par celle qui a payé; et elles sont toutes également libérées, qu'elles se soient obligées avec celle qui a payé ou séparément. Toutes aussi étaient également soumises à l'action du créancier à laquelle la caution qui a payé se trouve subrogée.

Reste à préciser l'effet du recours accordé à la caution. La caution qui a payé la totalité de la dette n'a droit de recourir contre chacun de ses cofidéjusseurs que pour sa *part* et *portion*. C'est ce que décide l'art. 2033. Le législateur n'a pas voulu que la caution, invoquant la subrogation, pût demander à un de ses cofidéjusseurs la totalité de la dette, moins la part pour laquelle elle est tenue. Il a appliqué ici un principe dont nous trouvons des applications dans les art. 875 et 1214 C. Nap., et qui peut être ainsi formulé : « Lorsqu'une dette doit se répartir entre diffé-

» rents coobligés, et qu'un d'eux a fait des » avances, il ne peut recourir contre chacun des » autres que pour sa part. » La même solution devrait être donnée, alors même que la caution aurait exigé en payant une subrogation conventionnelle, car la subrogation légale n'est qu'une subrogation conventionnelle sous-entendue. La subrogation conventionnelle ne peut donc pas avoir des effets plus étendus que la subrogation légale.

Si la caution qui exerce son recours contre ses cofidéjusseurs en trouve d'insolvables, cette insolvabilité sera supportée également par toutes les cautions.

Demandons-nous maintenant si la caution qui a désintéressé le créancier pourrait exercer son recours contre un tiers détenteur ayant acquis un immeuble qui appartenait au débiteur et sur lequel celui-ci avait consenti une hypothèque. C'est là une question très-controversée. Nous adoptons l'affirmative et nous pensons que la caution a un droit incontestable à toutes les créances établies sur les biens du débiteur principal; celui-ci, quand il a conféré l'hypothèque à son créancier, a, en même temps, pour ainsi dire, hypothéqué l'immeuble en faveur de la caution pour le cas où elle acquitterait la dette. Et quand l'immeuble est acquis ensuite, il passe au tiers détenteur grevé de cette double charge, qui, comme toute charge réelle, suit l'immeuble en quelques mains qu'il passe.

CHAPITRE III.

DE L'EXTINCTION DU CAUTIONNEMENT.

En sa qualité de contrat accessoire le cautionnement s'éteint indirectement mais forcément par suite de l'extinction de l'obligation principale. — En outre le cautionnement s'éteint directement par les mêmes causes que les autres obligations.

De là deux classes parmi les modes d'extinction du cautionnement. L'une ayant trait aux modes d'extinction par voie indirecte ou de conséquence, l'autre aux modes d'extinction par voie principale et directe.

Nous nous occuperons d'abord de ces derniers modes d'extinction.

Modes d'extinction par voie principale. — L'obligation résultant du cautionnement s'éteint directement par les mêmes causes que les autres obligations ; par conséquent elle s'éteint par le payement, la novation, la remise volontaire, la compensation, la confusion, la perte de la chose, la nullité ou la rescision, l'effet de la condition résolutoire et la prescription.

Payement. — C'est le premier et le plus efficace des modes d'extinction. Il éteint le cautionnement, il éteint même la dette principale, sauf ce que nous avons déjà dit sur le recours de la caution contre le débiteur. Il faut reconnaître le même effet extinctif à la *datio in solutum*, lorsqu'elle est faite du consentement du créancier.

Compensation. — Quand la caution l'oppose au créancier, le débiteur principal se trouve libéré vis-à-vis du créancier. Mais il ne s'ensuit nullement qu'il ait qualité pour opposer la compensation du chef de son fidéjusseur, lorsque c'est lui qui est poursuivi le premier (art. 1294).

Remise. — elle peut porter, soit sur le cautionnement, soit sur la dette elle-même. Dans le premier cas, la caution seule est libérée. Dans le second, si la remise a été faite à la caution en vue de la gratifier du montant de la dette, le débiteur, aussi bien que la caution, sont libérés vis-à-vis du créancier; mais la caution peut recourir contre le débiteur principal; si, au contraire, la remise a été faite dans le but de gratifier le débiteur et la caution, aucun recours ne doit être accordé à cette dernière.

Tout ce qui précède se réfère à une remise à titre gratuit. Que si nous supposons une remise à titre onéreux faite à la caution, l'art. 1288 C. Nap. décide que la somme payée doit être considérée comme un payement fait par la caution pour le compte du débiteur, et par conséquent la caution pourra agir contre lui pour se faire indemniser.

Novation. — Ce mode d'extinction ne s'applique au cautionnement que dans l'hypothèse où, du consentement du créancier, la caution substitue une sûreté nouvelle à celle qui avait été convenue dans le contrat primitif. Au fond, cette opération est une variété de la remise ; elle produirait le même effet.

Confusion. — La confusion peut se produire sous plusieurs points de vue : *entre le créancier et la caution.* Le cautionnement alors disparaît, et avec lui l'obligation du certificateur disparaîtra aussi : — *entre le débiteur principal et la caution.* C'est l'hypothèse de l'art. 2035 : le cautionnement disparaît au moins en fait ; mais si un tiers a intérêt à ce que les effets de l'obligation subsistent, ce tiers peut faire abstraction de la confusion. En effet, la confusion produit plutôt la paralysie de l'obligation que son extinction.

Ainsi, le créancier d'une obligation naturelle, garantie par une caution obligée civilement, pourrait, malgré la confusion, s'appuyer sur le cautionnement pour intenter une action civile contre son obligé; ainsi encore, si un certificateur garantissait l'obligation de la caution, le certificateur continue à être obligé.

Perte de la chose. — Si le corps certain périt par cas fortuit, la caution est libérée, et avec elle le débiteur. Mais si la perte vient du fait ou de la faute du débiteur, la caution n'est pas libérée, car elle répond des faits et fautes du débiteur.

Nullité. — Lorsque la caution fait prononcer la nullité de son engagement pour incapacité, erreur, dol ou violence, la caution est libérée, mais le débiteur reste tenu.

Condition résolutoire. — L'effet de la condition résolutoire ne libère que la caution; il laisse subsister l'obligation du débiteur principal.

Prescription. — Elle ne peut jamais être invoquée par la caution que du chef du débiteur principal. En effet, d'après l'art. 2250 du C. Nap. les événements qui interrompent la prescription vis-à-vis de ce dernier l'interrompent du même coup vis-à-vis de la caution. Mais on ne pourrait pas dire, en sens inverse, que la prescription interrompue contre la caution le soit aussi contre le débiteur principal, le débiteur ne peut pas être considéré comme ayant donné mandat à la caution, à l'effet de recevoir de la part du créancier des actes interruptifs de prescription.

Après avoir examiné les divers modes d'extinction proprement dite des obligations, il nous reste à parler d'un dernier mode d'extinction par voie directe, spécial au cautionnement. Il est indiqué en ces termes par l'art. 2037 : « La caution est déchargée lorsque la subrogation aux » droits, hypothèques et priviléges du créancier, » ne peut plus, par le fait de ce créancier, s'opérer » en faveur de la caution. »

Cette cause d'extinction n'existait à Rome, dans le droit des Pandectes, que pour le *mandator pecuniæ credendæ* et non pour le *fidejussor*. Nous avons longuement expliqué dans la partie romaine de cette thèse, à propos du bénéfice de cession d'actions, les raisons qui justifiaient une différence aussi importante entre le *fidejussor* et le *mandator*.

C'est aux règles du *mandatum pecuniæ credendæ* que l'ancienne jurisprudence s'était rattachée pour en faire l'application au contrat de cautionnement. En effet, Pothier, après avoir exposé les raisons pour lesquelles, en droit romain, le fidéjusseur ne pouvait obliger le créancier qu'à lui céder les actions telles qu'il les avait, sans pouvoir rien exiger de plus, ajoute :

« Nonobstant ces raisons, il faut décider que, » lorsque le créancier s'est mis par son fait hors » d'état de pouvoir céder au fidéjusseur ses actions, soit contre le débiteur principal, soit » contre les autres fidéjusseurs, soit parce qu'il » les a déchargés, soit parce qu'il a, par sa faute, » laissé donner congé de sa demande contre eux, » le fidéjusseur peut, *per exceptionem cedendarum actionum*, faire déclarer le créancier non » recevable en sa demande pour ce qu'aurait pu » procurer au fidéjusseur la cession des actions » que le créancier s'est mis hors d'état de pouvoir » lui céder. » (Pothier, n° 557.)

Sous l'empire du Code, l'*exceptio cedendarum actionum* a disparu, la subrogation ayant lieu de plein droit, mais elle revit sous une forme particulière, car la caution peut refuser de payer le créancier lorsque, par le fait de ce créancier, la subrogation ne peut pas se produire utilement à son profit. Ce droit lui est reconnu par l'art. 2037. Le motif véritable de la disposition contenue dans cet article est que, lorsque la caution est intervenue pour garantir une obligation garantie en même temps par d'autres sûretés, elle est censée ne s'être obligée qu'en considération des garanties que la subrogation lui assurerait. On suppose, de la part du créancier, l'engagement tacite qu'il ne compromettra pas ces sûretés.

Examinons maintenant les difficultés que la disposition, si simple en apparence de l'art. 2037, fait naître. Et d'abord, voyons quelles cautions peuvent se prévaloir de cet article.

Les cautions simples ont incontestablement ce droit. Que décider quant aux cautions solidaires ?

Ont-elles le droit de se prévaloir de l'art. 2037 ? La question est vivement controversée. Pour soutenir la négative, on se fonde, d'une part, sur l'art. 2021, et, d'autre part, sur la nature de l'obligation solidaire. Et d'abord, dit-on, le texte de l'art. 2021 est formel ; il assimile complétement la caution solidaire et déclare expressément que l'effet de son engagement *se règle par les principes qui ont été établis pour les dettes solidaires* ; or, aucun texte relatif aux obligations solidaires ne reproduit la disposition de l'art. 2037.

Le législateur, ajoute-t-on, ne devrait pas, en effet, étendre à la caution et au codébiteur solidaires la disposition de l'art. 2037 qui n'est qu'un des corollaires des art. 2011 et 2021. C. Nap. D'après ces derniers articles, l'obligation née du cautionnement est par sa nature même subsidiaire et conditionnelle : la caution s'oblige *si reus non solverit*. Et de là dérive en faveur de cette caution le bénéfice de discussion si le débiteur est solvable. On la décharge de son obligation, si le bénéfice de discussion est perdu pour elle, par la faute du créancier, c'est-à-dire si ce dernier a perdu ou diminué les sûretés qui devaient garantir la solvabilité du débiteur. Mais lorsque la caution s'oblige solidairement, son engagement n'est plus ni conditionnel, ni subsidiaire, il est direct et principal. Elle ne peut dès lors opposer ni le bénéfice de discussion sous prétexte que son codébiteur est solvable, ni demander sa décharge, sous prétexte que ce débiteur étant devenu insolvable, cette insolvabilité serait provenue du fait du créancier qui aurait laissé perdre ou diminuer les sûretés, dont la créance était originairement protégée. Nous ne partageons pas cette opinion et nous croyons que la caution solidaire peut, comme la caution simple, invoquer le bénéfice de l'art. 2037. En effet, l'art. 2021, dont on argumente pour assimiler la caution solidaire au débiteur solidaire, ne dit nullement ce qu'on veut lui faire dire.

Cet article établit en principe le bénéfice de discussion au profit des cautions, il prive de ce bénéfice la caution qui y renonce, enfin il assimile à une renonciation expresse, au bénéfice de discussion, la clause de solidarité insérée dans l'acte de cautionnement.

Quant à l'autre argument, qui consiste à dire que la caution n'a pas droit au bénéfice *cedendarum actionum*, car il n'est que le corollaire du bénéfice de discussion auquel la caution solidaire n'a pas droit, nous le contestons formellement. Le bénéfice de discussion et le bénéfice *cedendarum actionum* sont distincts et indépendants l'un de l'autre. A nos yeux le bénéfice de l'art. 2037 n'est qu'un corollaire de la subrogation établie par l'art. 2029 en faveur de la caution ; or, la caution solidaire, ayant droit à cette subrogation, a par là même droit à invoquer l'art. 2037.

Ajoutons que la tradition milite en notre faveur et que la généralité des termes de l'art. 2037 consacre cette tradition.

En résumé, nous reconnaissons le droit d'invoquer l'art. 2037 aux cautions solidaires aussi bien qu'aux cautions simples; mais comme cet article consacre une véritable déchéance, nous ne l'étendrons pas par analogie :

1° Au débiteur solidaire. La nature même de l'obligation de ce débiteur repousse l'application de l'art. 2037. A la différence de la caution qui ne s'engage pas pour elle-même et qui, par conséquent, ne s'oblige qu'en contemplation des sûretés fournies par le débiteur principal, le débiteur solidaire s'engage pour lui-même et par un motif qui, aux yeux du créancier, doit être intéressé et non pas en vue des sûretés que le créancier s'est fait consentir par un des codébiteurs.

2° Aux cautions commerciales. En effet, les endosseurs sont tenus envers le porteur à la garantie solidaire. La loi qui règle l'action du porteur et des endosseurs n'a fait dépendre la conservation de leurs rapports respectifs que des formalités du protêt, de la notification et de l'assignation dans les délais.

3° A celui qui aurait constitué sur ses biens une hypothèque pour sûreté de la dette d'un tiers. Ce n'est pas là une caution dans le sens de la définition donnée par l'art. 2011. Il est vrai que le tiers qui hypothèque son immeuble est un débiteur accessoire, mais l'affectation hypothécaire ne constitue pas un cautionnement proprement dit ; dès lors l'art. 2037 est inapplicable.

4° Au tiers détenteur. Il ne pourrait pas repousser les poursuites dont il est l'objet, par le motif que le créancier l'aurait privé de l'effet utile de la subrogation légale. Quelques personnes, toutefois, veulent, par un argument d'analogie, étendre à notre cas l'art. 2037. Mais l'analogie n'existe nullement entre les deux cas.

En effet, la caution qui s'est obligée au payement d'une dette hypothécaire, est fondée à dire qu'elle l'a fait en considération de l'hypothèque, et par conséquent le législateur a dû lui garantir l'efficacité de la subrogation. Rien de pareil à l'égard du tiers détenteur.

Après avoir dit quelles personnes peuvent se prévaloir de l'art. 2037, voyons quelles sont les sûretés auxquelles cet article fait allusion.

Les sûretés sont celles qui existent dès avant le cautionnement ou qui ont été constituées en même temps que lui, mais non pas celles que le créancier s'est procurées ou qui lui ont été fournies postérieurement à l'établissement du cautionnement. Il est vrai que l'art. 2037 ne distingue pas ; mais le motif que nous avons donné comme base de cet article, nous oblige d'arriver à la solution que nous venons de donner.

Nous avons dit, en effet, que la caution est déchargée lorsque, grâce au créancier, la subrogation ne peut pas être utile : c'est parce qu'il faut supposer que le tiers qui se porte caution ne s'est engagé qu'en vue des sûretés qui garantissaient la dette; or, il n'a pu avoir en vue que les sûretés déjà existantes lors de son intervention.

Examinons, pour finir sur notre art. 2037, quels sont les actes susceptibles de faire perdre au créancier son action contre la caution.

Et d'abord il est certain que tout fait positif,

dont le résultat est de laisser périr les sûretés attachées à la créance et par là de rendre complétement inefficace la subrogation de la caution, entraîne la déchéance du créancier.

Ainsi, si le créancier consent à abandonner son hypothèque, ou à donner mainlevée de son inscription, la caution peut invoquer l'art. 2037.

Mais la controverse commence lorsque le créancier a perdu son droit, non pas par un fait positif, mais par une omission, par exemple, s'il a omis de renouveler son inscription en temps utile, s'il a négligé de faire des oppositions.

Plusieurs auteurs, suivant la doctrine de Pothier, distinguent le fait positif et l'omission. Ils imputent au créancier le premier et l'absolvent en cas de simple omission. Mais l'opinion contraire a justement prévalu en doctrine et en jurisprudence. En effet, l'art. 2037, bien que ne parlant que *du fait*, ne distingue pas entre le fait d'action et le fait d'omission. D'ailleurs, quand la loi impose au créancier l'obligation de conserver à la caution les sûretés qui garantissent sa créance, il semble bien naturel de penser qu'elle lui défend aussi bien de les laisser périr par inaction que de les détruire par un acte positif. Ajoutons que, ainsi entendu, l'art. 2030 n'est que l'application de la règle consacrée par l'art. 1383 du Code Napoléon, aux termes duquel : « Chacun est responsable du dommage qu'il a causé, non-seulement par son fait, mais encore par sa négligence ou son imprudence. »

Modes d'extinction du cautionnement par voie de conséquence. — Le cautionnement, étant un contrat accessoire, ne peut subsister indépendamment de l'obligation principale, lors donc que l'obligation principale s'éteindra, l'obligation du fidéjusseur s'éteindra aussi. C'est par application de ce principe que l'art. 2036, reconnaît à la caution le droit d'opposer au créancier toutes les exceptions qui appartiennent au débiteur principal et qui sont inhérentes à la dette. La loi oppose ensuite aux exceptions qui sont inhérentes à la dette, celles qui sont purement personnelles au débiteur. Précisons le sens de la distinction établie par l'art. 2036, entre les exceptions réelles et les exceptions personnelles.

Les premières sont celles qui, tombant sur la dette elle-même, l'éteignent et l'anéantissent.

Les secondes sont celles qui n'éteignent pas la dette en elle-même, mais que le débiteur peut invoquer pour se dispenser de l'acquitter au moins momentanément, par exemple, l'exception qui dérive de la cession des biens, du délai de grâce, ou bien celles qui n'éteignent pas de plein droit la dette, mais qui permettent au débiteur d'en demander l'anéantissement, par exemple, les causes d'annulation fondées sur l'incapacité de l'un des contractants et sur les vices du consentement.

La caution peut opposer au créancier les exceptions réelles, mais elle ne peut pas lui opposer les exceptions personnelles.

Ceci dit sur le sens de la distinction établie par l'art. 2036, parcourons successivement les divers modes qui éteignent l'obligation principale, pour apprécier les effets qu'ils produisent relativement à la caution.

Payement. — Dès le moment où la dette est payée, la caution est de plein droit déchargée. Et, pour cela, il n'est pas nécessaire que la chose due ait été réellement remise entre les mains du créancier. Les offres réelles, suivies de consignation, libèrent irrévocablement la caution, lorsqu'elles n'ont pas été retirées par le débiteur avant d'être acceptées par le créancier ou bien lorsqu'elles ont été déclarées bonnes et valables par jugement passé en force de chose jugée.

Le payement de la dette principale éteint le cautionnement sans qu'il y ait à se demander s'il est fait par le débiteur lui-même ou par un tiers. Toutefois, la caution ne serait pas libérée si le tiers qui a payé avait obtenu du créancier une subrogation faite dans les conditions, et avec les formalités requises par l'art. 1250 ; car, le payement avec subrogation n'a pas pour effet d'éteindre la créance principale, mais de mettre à la place du créancier désintéressé, un autre créancier qui succède aux droits du premier, tant contre la caution que contre le débiteur (C. Nap., art. 1282). Au payement se rattache la *datio in solutum*, dont nous parle l'art. 2038. Cet article est ainsi conçu : « L'acceptation volontaire que » le créancier a faite d'un immeuble ou d'un effet » quelconque en payement de la dette principale, » décharge la caution, encore que le créancier » vienne à en être évincé. »

Novation. — Quand elle a lieu à l'égard du débiteur principal, elle éteint la dette ainsi que le payement, et libère les cautions, à moins pourtant que le créancier n'ait subordonné la novation à l'accession des fidéjusseurs à la dette nouvelle, et que ces fidéjusseurs n'aient refusé de donner à cette seconde dette la garantie qu'ils avaient donnée à la première (art. 1281).

Il ne faut pas assimiler à la novation qui éteint la dette principale la prorogation de terme, accordée au débiteur qui en retarde seulement l'exigibilité. Il est bien évident, en effet, que proroger le terme ce n'est, en aucune façon, substituer une obligation à une autre. Cette prorogation ne met donc pas fin à son engagement.

Le fidéjusseur pourra en accepter le bénéfice; il pourra aussi, s'il craint qu'entre l'échéance primitive et l'échéance nouvellement fixée le débiteur principal ne devienne insolvable, exercer contre lui le recours dont nous parle l'art. 1032-4°.

Que si pourtant le fidéjusseur, au lieu de s'engager d'une manière indéterminée, avait limité sa responsabilité à une certaine période de temps, et que le terme accordé au débiteur portât l'exigibilité de la dette à une époque postérieure à la fin de cette période, le fidéjusseur n'en serait pas moins libéré à l'époque qu'il avait fixée, car il ne peut dépendre du créancier d'étendre sa responsabilité au-delà des limites convenues.

Remise de la dette. — Elle libère la caution aussi bien que le débiteur principal à qui nous la supposons faite (art. 1287). Mais lorsqu'il s'agit d'une remise consentie par nécessité et non pas *animo donandi*, par exemple d'une remise accordée par concordat, les cautions restent obligées pour la totalité de la dette (art. 545 C. de Com.).

Le serment déféré par le créancier au débiteur principal sur la dette cautionnée, contient une remise conditionnelle, *si le serment est prêté*. Aussi le Code décide-t-il « que le serment déféré au débiteur principal libère également les cautions (art. 1365). »

Il faut étendre cette décision à la transaction intervenue sur l'existence, l'étendue ou l'extinction de la dette principale, car le créancier ayant restreint ou abandonné ses prétentions à l'égard du débiteur principal, les a nécessairement abandonnées ou restreintes à l'égard des cautions, qui ne sont au fond que des débiteurs accessoires, garantissant les obligations du débiteur principal.

Si la transaction ne porte pas sur l'existence,

l'étendue ou l'extinction de la dette principale, mais bien sur des difficultés que fait naître l'incapacité du débiteur, la solution serait différente, car la caution ne peut pas opposer les exceptions personnelles au débiteur.

La caution pourra profiter non-seulement du serment et de la transaction, mais aussi du jugement rendu en faveur du débiteur principal. « Tout ce qui est jugé en faveur du débiteur principal, doit être censé l'être en faveur de la caution, qui doit, à cet égard, être censée la même partie que lui, » nous dit Pothier, n° 908.

Compensation. — Si la compensation est opposée par le débiteur, la caution est libérée. Il y a plus, la caution peut, conformément à l'article 1294, invoquer la compensation du chef du débiteur principal, quand même ce dernier ne l'aurait pas opposée. Cette décision est fort juste, en effet, dès que le débiteur s'est trouvé être créancier du créancier, la coexistence des deux créances a amené l'extinction des dettes. La dette du débiteur principal n'existe donc plus, le cautionnement doit être éteint.

Si la caution peut opposer, en compensation au créancier, ce qu'il doit au débiteur principal, ce dernier ne pourrait pas lui opposer ce qu'il doit à la caution. Cette décision du second alinéa de l'art. 1294 est fort logique ; s'il en était autrement, on obligerait la caution à faire l'avance de ce que doit le débiteur principal ; or, la caution est si peu obligée de faire cette avance, qu'elle a le droit d'opposer le bénéfice de discussion.

Confusion. — Lorsque les qualités de créancier et de débiteur viennent se réunir sur la même tête, la créance et l'obligation se trouvent paralysées. Ainsi, si le débiteur devient l'héritier pur et simple du créancier, ou bien ce dernier l'héritier pur et simple du débiteur, ou encore un tiers l'héritier du créancier et du débiteur, l'obligation et la créance se trouvent paralysées, l'obligation accessoire de la caution l'est aussi (art. 1301, § 1er). Mais ce résultat n'a pas lieu quand le créancier ou le débiteur ne sont devenus héritiers l'un de l'autre que sous bénéfice d'inventaire, car le bénéfice d'inventaire met obstacle à la confusion (art. 802).

Si la confusion n'était que partielle, comme lorsque le créancier ne devient héritier pur et simple du débiteur que pour partie, l'extinction du cautionnement n'aurait lieu que dans la même limite.

De la nullité ou rescision. — Quant à la nullité ou à la rescision dont la loi fait l'un des modes d'extinction des obligations, nous n'avons qu'à nous référer à des observations déjà faites, en rappelant, d'après ces observations, que la nullité de l'obligation principale n'opère l'extinction de l'obligation accessoire de la caution qu'autant qu'elle ne laisse pas après elle le débiteur tenu par un lien naturel.

Effets de la condition résolutoire. — Lorsqu'une telle condition vient mettre à néant l'obligation principale, elle fait disparaître du même coup l'obligation accessoire, mais il faut soigneusement distinguer de ce cas, celui où la résolution aurait pour cause l'inexécution de la part du débiteur; la résolution ne mettant pas complètement fin à l'obligation principale : l'obligé principal reste soumis à des dommages-intérêts envers le créancier; par cela même elle ne libérerait pas la caution qui répondrait de ces mêmes dommages.

La prescription. — Lorsque la dette est éteinte par prescription, la caution peut invoquer cette prescription pour écarter la poursuite du créancier, quand même le débiteur principal aurait renoncé à l'invoquer : la caution, en effet, invoquera les prescriptions non pas du chef du débiteur, mais de son propre chef.

Que si la prescription a été interrompue à l'égard du débiteur principal, l'interruption viendra aussi contre la caution (art. 2250), la loi a pensé qu'en garantissant le payement de la dette la caution s'est, par là même, engagée à rester obligée tant que le débiteur le sera; à l'inverse, si la prescription a été interrompue à l'égard de la caution, nous pensons qu'on ne peut s'en prévaloir contre le débiteur, car on ne peut dire que la caution débiteur accessoire représente le débiteur principal.

Perte de la chose. — Lorsque la dette est d'un corps certain, si l'objet vient à périr sans le fait ou la faute du débiteur, elle est éteinte et avec elle le cautionnement l'est aussi. Si au contraire l'objet périt par le fait ou la faute du débiteur, comme à l'obligation primitive se substitue une obligation à dommages-intérêts, la caution en répondrait. Car elle répond du fait et de la faute du débiteur principal.

Nullité ou rescision. — La nullité de l'obligation principale n'éteint l'obligation accessoire qu'autant qu'elle ne laisse pas après elle le débiteur tenu par un lien naturel. Que si l'obligation est entachée non pas d'une nullité absolue, mais d'une nullité relative, et par conséquent susceptible d'être couverte, la caution ne pourra invoquer la nullité qu'autant que l'obligation n'aurait pas été l'objet d'une ratification expresse ou tacite de la part du débiteur principal.

Effet de la condition résolutoire. — Lorsqu'une telle condition vient mettre à néant l'obligation principale, elle fait disparaître du même coup l'obligation accessoire. Mais il faut soigneusement distinguer de ce cas celui où la résolution aurait pour cause l'inexécution de la part du débiteur, la résolution ne mettrait pas alors complètement fin à l'obligation parce que l'obligé principal reste soumis à des dommages-intérêts envers le créancier, par cela même elle ne libérerait pas la caution qui répondrait de ces mêmes dommages.

La prescription. — Lorsque la dette est éteinte par prescription, la caution peut invoquer cette prescription pour écarter la poursuite du créancier, si le débiteur principal a renoncé à cette prescription.

Que si la prescription a été interrompue à l'égard du débiteur principal, l'interruption vaudra aussi contre la caution. A l'inverse, si la prescription a été interrompue à l'égard de la caution, on ne peut pas s'en prévaloir contre le débiteur qui sera libéré. En effet, le débiteur principal ne répond pas des faits de la caution.

POSITIONS.

DROIT ROMAIN.

I. Lorsque l'obligation du fidéjusseur dépasse la mesure de l'obligation principale, elle est nulle et non réductible.

II. Le simple pacte engendre une obligation naturelle.

III. L'obligation d'un fou ne peut servir de base à une fidéjussion.

IV. Les jurisconsultes romains étaient divisés sur le point de savoir s'il existait ou non une obligation naturelle à la charge du pupille (qui habet aliquem intellectum), ayant contracté sans l'autorisation de son tuteur et qui ne s'était pas enrichi.

V. Il n'existe aucune antinomie entre la décision de la loi 98, § 41. *De solut.* D. et celle de la loi 48, § 1. *De fidej.* D. Cette différence s'explique par la nature du mandat et de la fidéjussion.

VI. D'après la loi 95, § 3 *De solut.* D., le fidéjusseur peut invoquer la restitution intégrale du chef du débiteur principal, mineur de 25 ans. — D'après la loi 13 *De minor vigenti quinque annis* D., il ne le peut pas. La conciliation de ces deux textes se trouve dans la distinction entre le cas ou le fidéjusseur s'est engagé *cum prætorii contemplatione* ou *sine contemplatione juris.*

VII. *Les lois* 35, § 2 D. *De usuris et fructibus* (L. XXI, T. 1), et *de dolo malo*, Loi XIX. D. (L. IV, T. III), ne peuvent se concilier.

DROIT FRANÇAIS.

I. Le créancier peut poursuivre la caution sans avoir mis le débiteur principal en demeure.

II. La caution qui a commencé par nier, soit l'existence de l'obligation principale, soit le fait ou la validité de son accession à cette obligation, ne s'est pas rendue non recevable à invoquer ensuite le bénéfice de discussion.

III. Le recours de la caution contre le débiteur principal dure 30 ans, et cela alors même qu'elle n'a fait que payer au créancier des prestations annuelles susceptibles d'être proscrites par 5 ans.

IV. La caution acquiert, par le bénéfice de la subrogation, toutes les sûretés dont le créancier était nanti, au moment où elle l'a désintéressé, elle a même le droit de faire résoudre une vente si ce droit appartenait au créancier.

V. La caution qui a payé est subrogée à l'hypothèque du créancier contre le tiers détenteur de l'immeuble hypothéqué par le débiteur.

VI. Le bénéfice de l'art. 2037 peut être invoqué par la caution solidaire.

VII. Si la caution, qui a payé intégralement le créancier, n'avait cautionné qu'un des débiteurs solidaires, elle ne pourrait demander à chacun des débiteurs non cautionnés par elle que sa part dans la dette.

VIII. La caution ne peut recourir contre ses cofidéjusseurs que pour la part et portion de chacun. Elle ne pourrait pas même, en vertu d'une subrogation expresse, exercer l'action solidaire du créancier contre l'un d'eux.

IX. Le créancier est responsable envers la caution, non-seulement des sûretés qu'il perd par son fait positif, mais aussi de celles qu'il perd par sa négligence.

X. Le lien qui unit les cofidéjusseurs au créanciers n'est pas celui d'une solidarité parfaite.

DROIT COMMERCIAL.

I. La somme dont le concordat a libéré le débiteur n'est pas soumise au rapport.

II. L'art, 544, § 2 du Code de commerce ne déroge pas à l'art. 1252 du Code Napoléon.

HISTOIRE DU DROIT.

I. Le régime municipal survécut à l'établissement des Francs dans les Gaules.

II. Le fief a son origine dans la clientèle militaire des Germains.

DROIT DES GENS.

I. L'enrôlement de volontaires pour un des belligérants toléré par un neutre chez lui est une rupture de neutralité.

II. Les belligérants n'ont pas le droit de visiter les navires neutres, lorsqu'ils ne tiennent point ce droit des traités.

DROIT CRIMINEL.

I. L'accusé acquitté, comme ayant agi sans discernement, doit être affranchi des frais de la procédure.

II. Le juge d'instruction qui se déclare incompétent en vertu de l'art. 69, C. inst. cr. ne peut désigner le juge auquel l'affaire doit être renvoyée.

Paris. Imprimerie de E. Donnaud, rue Cassette, 9.

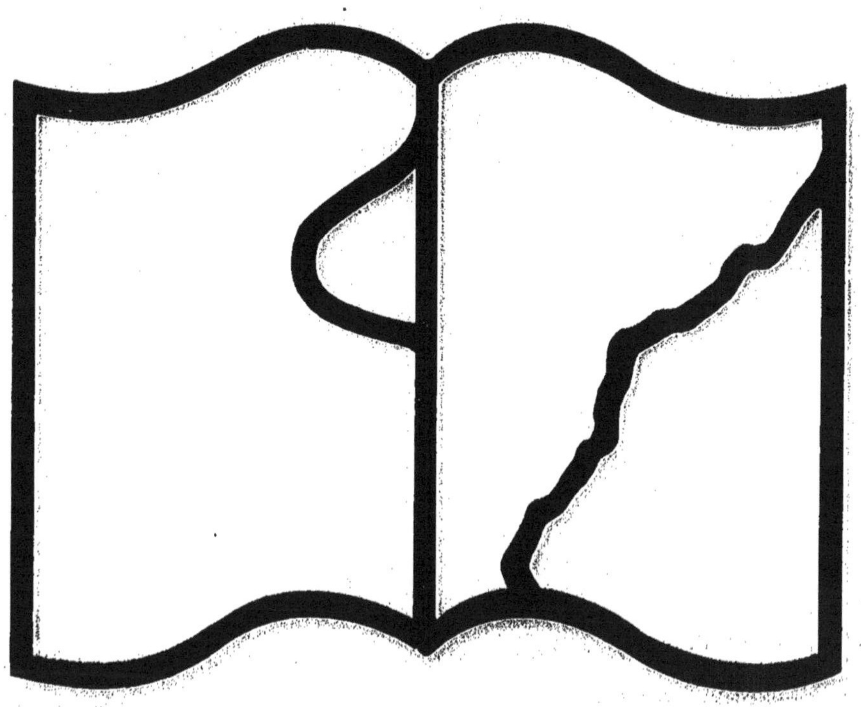

Texte détérioré — reliure défectueuse

NF Z 43-120-11

www.ingramcontent.com/pod-product-compliance
Ingram Content Group UK Ltd.
Pitfield, Milton Keynes, MK11 3LW, UK
UKHW020140200726
13856UKWH00003B/771